Zu diesem Buch

Julius Fast, berühmt geworden durch sein Buch «Körpersprache» (rororo sachbuch 7244), geht hier den Dingen noch etwas direkter auf den Grund. Hier geht es um die sexuelle Anziehungskraft, die zwei Menschen plötzlich empfinden können, ohne ein einziges Wort miteinander gewechselt zu haben. Was ist es, was den anderen so unwiderstehlich macht, daß einem die Knie weich werden: der Blick, die Bewegungen, die Stimme?

Julius Fast und seine Mitarbeiterin Meredith Bernstein fanden heraus, was dieses Es ist. Sie machen an vielen eindringlichen Beispielen klar, wie es unseren Herzschlag beschleunigen und unsere Vernunft ausschalten kann, aber auch, wie wir unsere eigenen Möglichkeiten, auf andere anziehend zu wirken, erkennen, erweitern und genießen können.

Außerdem bei Rowohlt:
«Typisch Frau! Typisch Mann!» (rororo sachbuch 7102)
«Das Körper-Programm» (rororo sachbuch 7786)

Julius Fast
Meredith Bernstein

Körpersignale der Liebe

Aus dem Amerikanischen
von Roswitha Enright

Rowohlt

Die Originalausgabe erschien 1983 unter dem Titel
«Sexual Chemistry» bei M. Evans and Company, Inc., New York
Deutsche Erstausgabe
Redaktion Beate Laura Menzel
Umschlagentwurf Manfred Waller (Fotos: oben links:
ArtReference / Filmpress; oben rechts: G+J Fotoservice /
J. Harder; unten: ZEFA / A. Foley)

Veröffentlicht im Rowohlt Taschenbuch Verlag GmbH,
Reinbek bei Hamburg, November 1984
Satz Garamond (Linotron 202)
Gesamtherstellung Clausen & Bosse, Leck
Printed in Germany
780-ISBN 3 49917826 5

Inhalt

Vorwort

1970, vor dreizehn Jahren, wurde «Körpersprache» (rororo sachbuch 7244) veröffentlicht. Seitdem hat sich mein Leben in vieler Hinsicht verändert. Ich habe weiter geschrieben, wurde zu Dutzenden von Fernsehshows eingeladen und fing an, in ganz USA Vorträge vor den unterschiedlichsten Gruppen zu halten, vor Geschäftsleuten, Studenten, Juristen, Ärzten und Lehrern.

Man hat mich gebeten, Seminare für die Industrie zu halten; ich habe Encounter-Gruppen und Sensibilisierungsübungen geleitet, habe auf dem Gebiet der Körpersprache unterrichtet und wurde von Politikern und Managern als Berater angefordert.

Die Beschäftigung mit der These, daß wir uns nicht nur mit Worten, sondern auch mit dem Körper mitteilen, die mir anfangs einfach und einleuchtend erschien, entwickelte sich derartig, daß sie meine ganze Zeit in Anspruch nahm. Ich mußte mich mehr und ausführlicher mit diesem Thema beschäftigen, damit ich auf dem laufenden blieb.

Außer den Vorträgen und dem Unterrichten hatte ich auch noch viele Briefe von Menschen in den verschiedensten Lebenssituationen zu beantworten, Briefe, in denen sie alles nur Denkbare ansprachen, was mit Körpersprache zu tun hatte. Das Interessanteste kam von jungen Doktoranden, die in ihren Doktorarbeiten die verschiedensten Aspekte der nicht-verbalen Kommunikation untersuchen wollten.

Etliche von ihnen wollten auch etwas über die Körpersprache bei sexueller Anziehung wissen, wie und warum sie wirkte. Ich konnte ihnen für ihre Forschung ein paar Hinweise geben, aber allein die Menge der Fragen, die gerade mit diesem Gebiet zu tun hatten, hatte zur Folge, daß ich mich intensiver damit zu beschäftigen begann. Was genau ist eigentlich sexuelle Anziehungskraft, was sind die «Körpersignale der Liebe»? Wie werden sie angewendet, und warum sind sie wirkungsvoll? Gehört das allein in den Bereich der Psychologie, oder hat die Anziehung, die wir Menschen füreinander empfinden, eine physiologische Grundlage? Ist sexuelle Anziehungskraft eine physische Angelegenheit, für die es in unserem Gehirn an ganz bestimmten Stellen Rezeptoren gibt? Wie ist die sexuelle Anziehungskraft zusammengesetzt, und wie benutzen wir die einzelnen Elemente?

Vor ein paar Jahren machte ich einen medizinischen Film für eine pharmazeutische Firma über die Arbeit von Dr. Jose Delgado aus Yale. Dr. Delgado ist Neurophysiologe; er hatte Elektroden in das «Lustzentrum» von Rhesusaffen eingepflanzt, einem Teil des Hypothalamus, der das sexuelle Interesse reguliert. Er stellte fest, daß er durch Stimulierung dieses Zentrums, chemisch oder elektrisch, den sexuellen Erregungszustand des Tieres herstellen konnte, eine Reaktion, die den physiologischen Vorgängen beim Menschen ähnelt, der sich von einem anderen angezogen fühlt.

In den folgenden Jahren betrieb ich meine Forschung über die Körpersignale der Liebe weiter; ich befragte Hunderte von Männern und Frauen über ihre Erfahrungen mit Liebe und Anziehungskraft, stellte Statistiken zusammen und entdeckte und verstand so allmählich diese geheimnisvolle Macht, die plötzlich, ohne Warnung, den Funken zwischen zwei Menschen überspringen läßt.

In dieser Zeit lernte ich Meredith Bernstein kennen, die sich wissenschaftlich viele Jahre lang mit sexueller Anziehungskraft beschäftigt hatte. Meredith hatte eine eindrucksvolle Fülle von Forschungsdaten gesammelt, und so war es nur selbstverständlich, daß wir zusammenarbeiteten. Wir kombinierten unsere Ergebnisse und begannen mit «Körpersignale der Liebe».

Julius Fast

Was ist die sexuelle Anziehungskraft?

Liebe auf den ersten Blick

«Ich glaube, ich hätte schon vorher wissen sollen, daß an dem Abend etwas passieren würde», berichtete uns Anne. «Ich war so ruhelos, fühlte mich unbehaglich. Eigentlich hatte ich mich gemütlich mit einem guten Buch hinsetzen wollen, aber sobald ich mich nach der Arbeit auf den Heimweg machte, wußte ich schon, daß ein gemütlicher Abend heute nicht drin war. Ich war zu nervös und innerlich zu unruhig. Ich ging in meiner Wohnung auf und ab, meiner schönen Wohnung, die ich mit so viel Liebe eingerichtet hatte, meiner Zuflucht, wie ich sie immer nannte, die mir aber heute wie ein Gefängnis vorkam. Ich wußte, ich mußte heute raus, mußte mit Menschen zusammen sein, mußte irgendwo hingehen, egal wo.

Ruhelosigkeit

Dann fiel mir die Diskothek ein, wo ich mit einer Freundin vor ein paar Wochen gewesen war. Die Musik war gemischt, halb Disko und halb Evergreens, manchmal sogar langsame Tanzmusik aus den vierziger und fünfziger Jahren, und die Leute dort waren auch sehr unterschiedlich: junge und alte, alleinstehende und Paare, man konnte sich dort allein oder mit Freund wohl fühlen. Nach ein paar Telefonanrufen hatte ich schließlich jemanden gefunden, die auch ruhelos war, und Laura und ich verabredeten uns. Es war genau das richtige für mich, die Musik, die vielen Menschen, der Krach, das alles ließ mich aus mir selbst herausgehen, und ich bereitete mich auf einen unterhaltsamen Abend vor.»

Kontaktsuche

Wie Anne uns sagte, hatte sie schon vor längerer Zeit herausgefunden, daß nichts dabei war, einen Fremden zum Tanzen aufzufordern. «Neun von zehn Männern fühlen sich geschmeichelt, wenn man sie fragt, und um

Aktives Verhalten

den Zehnten kann man sich nun wirklich keine Gedanken machen.»

Anne war seit etwa einer Stunde in der Diskothek, hatte nach schneller und nach langsamer Musik getanzt, als ein Walzer aufgelegt wurde. Das war nun wirklich nichts für sie; sie wollte sich lieber solange hinsetzen. Sie ging also auf den Tisch zu, an dem Laura saß, als jemand, den sie vorher nicht bemerkt hatte, sagte: «Möchtest du tanzen?»

Die erste physische Reaktion

«Ich drehte mich um mit einer Absage auf den Lippen», sagte sie mit einem kleinen Lächeln, «und dann sah ich in seine Augen. Plötzlich, ohne Warnung, fühlte ich, wie mein Herz schnell klopfte und meine Knie schwach wurden. Ich bin überhaupt nicht schüchtern, aber ich konnte zu Anfang kein Wort herausbringen. Schließlich stotterte ich: ‹Wie wär's, wenn wir diesen Tanz aussetzten und uns unterhielten?› Was auch über mich gekommen sein mochte, ihm ging es genauso; ich konnte es in seinen Augen lesen, konnte es in der Spannung spüren, die plötzlich zwischen uns bestand. Wortlos gingen wir zu einem der Tische, setzten uns und bestellten zwei Bier. Dann fingen wir an, miteinander zu sprechen. Alles was wir zueinander sagten, egal wie nichtig, war für uns genau richtig. Wir sprachen ohne zu zögern über Dinge, die sehr persönlich waren.» Anne erfuhr, daß er Dan hieß, daß er verheiratet war und zwei Kinder hatte. Er zeigte ihr Bilder von ihnen. Er sagte, daß er seine Frau und Kinder liebte. Er war geschäftlich in der Stadt und mußte am nächsten Tag weiter. Alles war offen und ehrlich, und beide wußten, daß sich nichts Ernstes entwickeln konnte. Trotzdem gingen sie an dem Abend in Annes Wohnung und schliefen miteinander.

Es mußte passieren!

Anne schüttelte leicht verwirrt ihren Kopf und sagte: «Das war einfach phantastisch, wunderbar. Beide fanden wir, daß es nahezu perfekt war.»

«Hast du ihn jemals wiedergesehen?» fragten wir.

«Ja, zweimal, als er in der Stadt war. Und diese unglaubliche Anziehung ist immer noch da. Wir lieben uns nicht und wollen beide keine wirklich ernsthafte Beziehung, aber, mein Gott, da ist dieses magische Band zwischen uns. Ich habe es gleich das erste Mal gespürt, und jedesmal, wenn wir uns wiedersehen, ist es wieder so.»

Das «Lustzentrum» im Gehirn

Was Anne uns beschrieben hatte, ist nicht einmalig, ja noch nicht einmal ungewöhnlich. Seit Eva Adam dazu anstiftete, in den Apfel zu beißen, ist es immer und immer wieder vorgekommen. Häufig wird es «Liebe auf den ersten Blick» genannt, einfach weil man keine bessere Bezeichnung dafür hat. Wir ziehen vor, es «sexuelle Anziehungskraft» zu nennen. In Annes Fall, wie auch in vielen anderen, spielte Liebe keine Rolle. Beide Beteiligten fühlten nur einen unwiderstehlichen Drang, miteinander ins Bett zu gehen.

Ohne Zweifel war Anne dem ganz und gar nicht abgeneigt gewesen; sie sprach davon, daß sie ruhelos gewesen war und sich unbehaglich gefühlt hatte, daß ihre Wohnung ihr wie ein Gefängnis vorgekommen sei. Sie steckte voller Energie, die nach einem Weg suchte sich zu entladen.

Als wir darüber sprachen, was dieser Abend ihr bedeutet hatte, stellten wir fest, daß wir im Begriff waren, auf dem Gebiet der sexuellen Anziehung so etwas wie die «Büchse der Pandora» zu öffnen. Weder Anne noch Dan hatten den Eindruck gehabt, daß ihre Reaktion aufeinander, so stark und aufregend sie auch gewesen war, Dans Ehe in Gefahr bringen oder einen wirklichen Einfluß auf Annes Leben haben würde. Amerikanische und deutsche Psychologen haben wissenschaftlich nachgewiesen, daß das Phänomen der sexuellen Anziehung eine normale, biologische Basis hat. Wenn wir sexuell erregt sind, wenn wir jemandem begegnen, der uns sehr interessiert, wenn wir diesen Moment der perfekten Übereinstimmung erleben, dann beginnt unser sympathisches Nervensystem das Hormon Noradrenalin in unseren Nervenenden und in unseren Nebennieren herzustellen.

Dr. Michael R. Liebowitz, Professor für klinische Psychiatrie an der Columbia-Universität, hat in seiner Forschung die biologischen Mechanismen bei sexueller Anziehung genau untersucht. «Liebe hängt von Störungen der normalen Abläufe in unserem Gehirn ab», sagte er und wies darauf hin, daß es mehr als 30 Neurotransmitter gibt, die an den Synapsen Signale von einer Nervenzelle zur anderen tragen. Zwei Hormone, Noradrenalin und Dopamin, beeinflussen das Lustzentrum in unserem Gehirn und sind direkt für unsere Gefühle verantwortlich, wenn wir uns verlieben. Wir atmen schneller, ein euphorisches Gefühl stellt sich ein, unser Puls rast, wir haben das dringende Bedürfnis, uns mitzuteilen, und uns überkommt der Mut, den ersten Schritt zu tun, obwohl wir sonst immer zu schüchtern waren. Wir sind erregt, glücklich und voller Erwartung. Die sexuelle Anziehungskraft ist am Werk!

Das «Lustzentrum» im Gehirn, wo all das ausgelöst wird, wurde von Dr. Jose Delgado entdeckt, einem Neurophysiologen in Yale, und zwar bei seiner Forschung mit Rhesusaffen. Er hatte ein Loch durch den Schädel eines Affen gebohrt und eine winzige Elektrode dort in das limbische Gebiet des Gehirns eingeführt, was im allgemeinen mit «Lustzentrum» bezeichnet wird. Dann schloß er ein Gerät an, mit dem der Affe selbst die Zellen in diesem Zentrum reizen konnte, das für seine emotionelle Befriedigung zuständig war. Der Autor hatte die Möglichkeit zu beobachten, wie der Affe wieder und wieder den Hebel betätigte, der winzige elektrische Impulse in seinem Gehirn auslöste. «Er wird Essen und Trinken und jede andere Betätigung aufgeben, nur um immer wieder sein Lustzentrum zu stimulieren», erklärte mir Dr. Delgado. «Letzten Endes kann er sich damit umbringen.»

Auch Menschen werden Essen und Trinken vernachlässigen, wenn ihr «Lustzentrum» dauernd stimuliert wird, sie werden «aus Liebe dahinsiechen». Die Stoffe, die die limbische Hirnregion bei Menschen stimulieren, sind die beiden Neurotransmitter Noradrenalin und Dopamin. Sie beeinflussen eine natürlich vorkommende amphetamin-

Noradrenalin und Dopamin

Das «Lustzentrum» im Gehirn

Selbstversuche eines Affen

Aus Liebe «dahinsiechen»

ähnliche Substanz im Gehirn, Phenyläthylamin, wie, ist noch nicht ganz klar, und der auslösende Faktor ist der Augenblick des plötzlichen Erwachens, die emotionelle Reaktion, mit der alles beginnt.

Es gibt also eine chemische Reaktion in unserem Körper, die bei den Neurorezeptoren beginnt und durch Erregung ausgelöst wird. Diese Reaktion stimuliert wiederum unser Nervensystem, und das einmalige, erregende Gefühl der «sexuellen» Anziehung wird noch intensiver. Im echten chemischen Sinn sind wir füreinander bestimmt und aktiviert. *Lust als chemische Reaktion*

Im Laufe unserer weiteren Forschung sprachen wir mit vielen, die die gleiche überwältigende Anziehungskraft gespürt hatten. Wir stellten fest, daß zwar häufig Liebe dabei keine Rolle spielte, daß aber ebenso oft diese sexuelle Faszination Teil der Liebe war. Ein Beispiel dafür sind Douglas und Jane:

«Wir trafen uns im College», erinnert sich Doug, «es war unser letztes Jahr, aber Jane wohnte mit Michael im Ort, und ich hatte eine ernsthafte Affäre mit Gloria. Mike war mein bester Freund, und ich wollte ihm ganz sicher nicht in die Quere kommen; und Jane kannte Gloria und mochte sie. So schwärmten wir nur im geheimen füreinander, trafen uns aber nie allein. *Unerfüllte Liebe*

Drei Jahre nach meinem Abschluß arbeitete ich in Boston, als mich Jane plötzlich anrief. Sie hatte mit Michael Schluß gemacht und war auf Arbeitssuche. Sie wäre jetzt in Boston, ob sie wohl bei mir übernachten könnte. Gloria, an die ich nur noch Weihnachtsgrüße schickte, hatte ihr meine Adresse gegeben. ‹Natürlich›, sagte ich. Sie kam, ich öffnete die Tür, und wir starrten uns eine Weile nur hungrig an, als ob wir uns mit unseren Augen verschlingen wollten. Die alte Zauberkraft war noch da, wie vorher, unverändert. Ohne ein Wort schloß ich sie in meine Arme. Was soll ich noch sagen? Wir heirateten sobald wie möglich.» *Anziehungskraft über Jahre hinweg*

«Die alte Zauberkraft, was ist das denn?» fragten wir Doug. Er zuckte unsicher mit den Achseln. «Das weiß ich auch nicht. Ich kann es nicht genau beschreiben. Es hört sich vielleicht verrückt an, aber es ist so, als ob wir beide aus einem Stück gefertigt wären, was dann in zwei Teile gebrochen war. Bei unserem Wiedersehen sahen wir, daß wir genau zusammenpaßten, aus zwei Teilen war wieder ein Ganzes geworden.»

Wir paßten genau zusammen

Von Mann zu Mann

Interessanterweise ähnelt Dougs Beschreibung des Gefühls, was er und Jane füreinander haben, der Beschreibung, die ein Chemiker uns einmal von einer chemischen Reaktion gab. «Eine chemische Verbindung findet statt, wenn die Kräfte, die zwischen zwei Atomen wirksam werden, stark genug sind. Auf diese Weise können zwei verschiedene Substanzen miteinander verbunden werden und etwas anderes und Neues formen.»

Dieses andere und Neue war die Verfassung, in der sich Anne und Dan befanden, nachdem sie sich zum erstenmal gesehen hatten. Bei Jane und Doug brauchte es drei Jahre, bis sie schließlich zusammenkamen, aber die Verbindung war schon lange dagewesen und wartete nur auf den richtigen Augenblick, um sich zu manifestieren. Bei Anne und Dan spielte Liebe keine Rolle, sondern nur sexuelle Anziehungskraft. Bei Jane und Doug war Liebe mit im Spiel und bewirkte, daß die Verbindung von Dauer war. Wenn sexuelle Anziehungskraft mit Liebe zusammentrifft, dann wird sie noch gesteigert und erhält den romantischen Anstrich, von dem in der Literatur so gern gesprochen wird. Aber sexuelle Anziehung kann auch ohne Liebe funktionieren. Und seltsamerweise gibt es das nicht nur zwischen Mann und Frau, sondern auch zwischen zwei Menschen desselben Geschlechts.

Liebe zwischen zwei Männern

Chaim Potok beschreibt in seinem Roman «Die Erwählten»* die sexuelle Anziehungskraft, die zwei junge

* Tübingen 1975

Männer mit unwiderstehlicher Macht zueinander bringt. Sie haben keine homosexuelle Beziehung; hier handelt es sich um eine beharrliche, beinahe verzehrende Freundschaft, die aus Wut und Verletztsein geboren wurde. Diese Art von männlicher Zuneigung oder enger Bindung ist nicht neu. Sie bestand schon lange, bevor die Geschichte von David und Jonathan sie in der Bibel unsterblich machte. Es ist eine Zuneigung, die häufig sofort da ist und die sich über jedes Hindernis, ob Klassenzugehörigkeit, finanzielle Lage oder Herkunft hinwegsetzt.

Zuneigung trotz vieler Hindernisse

«Ich lernte Tom in der Militärakademie in West Point kennen», berichtete Peter uns, «und zwar gleich am ersten Tag. Ich weiß nicht, was passierte, aber wir sahen uns nur an, lächelten uns zu, und schon war es geschehen. Tom ist aus Tennessee, stammt von einer armen Familie aus den Bergen; ich stamme aus New York und bin in Manhattan aufgewachsen. Wir haben eigentlich überhaupt nichts gemeinsam, worüber sollten wir schon sprechen können? Und doch, wenn wir zusammen sind, schweigen wir keine Minute.

In den Ferien nahm ich Tom mit nach Hause, und meine Eltern waren anfangs sehr von ihm angetan. Er sah in seiner Uniform sehr gut aus. Aber später zog mich meine Mutter zur Seite und fragte mich: ‹Was um alle Welt könnt ihr miteinander anfangen, Peter? Ihr seid so unterschiedlich wie Tag und Nacht.› Das stimmt auch, aber ich weiß nur, daß ich glücklich bin, wenn ich mit Tom zusammen bin, und ihm geht es genauso.»

Wir fragten, ob ihre Beziehung auch körperlich sei, und er schüttelte den Kopf. «Es ist vielleicht komisch, aber ich glaube, ich könnte diese enge Verbindung besser verstehen, wenn sie auch körperlich wäre. Aber Tom war mein Trauzeuge, und wenn er im nächsten Juni heiratet, werde ich natürlich auch dabeisein. Im Moment setzen wir alle Hebel in Bewegung, damit wir nahe beieinander stationiert werden …» Wir baten ihn darum, seine Gefühle für Tom zu beschreiben, und er zuckte mit den Achseln: «Was empfinde ich für ihn? Ich weiß nicht recht, was ich da sa-

Sexuelle Attraktion ohne körperliche Kontakte

gen soll. Wir fühlen uns einfach wohl, wenn wir zusammen sind, irgendwie zu Hause. Im Moment machen wir uns viele Gedanken darum, ob unsere Frauen sich auch mögen werden. Ich hoffe sehr, denn sonst ...» er verstummte und sah uns mit komischer Verzweiflung an. «Ich weiß einfach nicht.»

Dasselbe Gefühl der Ganzheit, was auch Jane und Doug empfanden, stellte sich bei Tom und Peter ein, nur ohne die sexuelle Komponente. Trotzdem kann man hier auch von einer Art sexueller Anziehung sprechen. Die Literatur ist schon lange voll von Geschichten über Männer, die diese magische Verbindung miteinander erfahren ha-

ben, und heute, wo Frauen neue Kraft und Selbstbewußtsein im Feminismus gefunden haben, hören wir immer mehr von einer solchen Verbindung auch zwischen Frauen. Die heutige Frauenliteratur konzentriert sich häufig auf genau diese Bindung.

Eine Reaktion nur unter bestimmten Bedingungen

Damit sexuelle Anziehungskraft wirken kann, muß sie auf Gegenseitigkeit beruhen; *beide* Menschen müssen davon betroffen sein. Wenn nur einer diese sofortige Anziehung verspürt, dann findet keine Verbindung statt. Um zu unserem Beispiel aus der Chemie zurückzukehren: es ist so, als ob man eine reaktionsfreudige chemische Substanz mit einer reaktionsträgen zusammenbringt. Welche Methode man auch anwendet, nichts wird passieren. Wenn man aber zwei aktive Chemikalien unter den richtigen Bedingungen zusammenbringt, dann wird die chemische Reaktion stattfinden.

Ähnlich ist es bei zwei Menschen; wenn sie sich sofort zueinander hingezogen fühlen und die richtigen Bedingungen herrschen, dann ist die sexuelle Anziehungskraft am Werk. Diese Kraft muß allerdings nicht beim ersten Kennenlernen wirksam werden, auch nicht in den ersten

Wochen oder sogar Monaten einer Bekanntschaft. Sie kann eine lange Zeit unerkannt schlummern, bis sie plötzlich unter den richtigen Bedingungen geweckt wird.

Wirkung auch mit Zeitverzögerung

Pamela und Richard sind ein gutes Beispiel dafür. «Wir trafen uns das erste Mal am See», berichtet Pamela, «ein Bekannter hatte ein großes Haus für den Sommer gemietet, und jedes Wochenende fuhr eine Gruppe von uns von Chicago aus dorthin; wir teilten uns die Kosten dafür. Richard gehörte zu der Gruppe; er sah in seiner Badehose zwar genausogut wie die meisten Männer dort aus, aber es spielte sich weiter nichts ab. Er war ein durchschnittlich aussehender Mann, Rechtsanwalt, und eine der Frauen behauptete, daß er sich für mich interessierte. Aber wenn ich mit ihm sprach, da war da nichts.

Ein paar Monate später traf ich ihn wieder, diesmal in seinem Büro. Ich hatte rechtliche Schwierigkeiten mit meinem Hauswirt, und eine Bekannte empfahl mir diesen Rechtsanwalt, den sie kannte. Ich suchte ihn auf, und natürlich war es Richard! Anfangs erkannte ich ihn kaum, er sah so anders aus in seinem Dreiteiler mit Schlips und Brille. Bisher hatte ich ihn nur am See in Badehose und Sweatshirt gesehen, und dies war ein ganz anderer Mensch. Ich sah ihm zu, wie er sich meinen Mietvertrag durchlas und dann telefonierte und war sprachlos, aber angenehm überrascht. Er brauchte nur fünfzehn Minuten, um das Ganze zu klären.

Badehose oder Maßanzug

Ihn umgab irgendwie ein Gefühl von Sicherheit und Autorität, was ihn sehr anziehend machte. Plötzlich sah ich ihn in einem anderen Licht.» Sie griff nach seinem Arm und zog ihn zu sich heran. «So ist es passiert.»

Sicherheit und Autorität

Richard lachte. «Ich hatte diese Gefühle schon, als ich Pamela das erste Mal dort am See sah, aber mir wurde klar, daß sich da bei ihr nichts tat. Ich konnte einfach nicht an sie herankommen. Aber in meinem Büro war es plötzlich anders. Ich sah, daß ich auf sie wirkte, und ich dachte, jetzt passiert es – und so war es dann auch. Fragen Sie mich nicht, wieso. Ich lud sie zum Abendessen ein, angeblich, um über ihren Rechtsfall zu sprechen, aber das war nur ein

Vorwand. Ich wußte, ich wollte sie gerne näher kennenlernen. Und ich merkte, daß es ihr genauso ging.»

Nicht auf den ersten Blick

Durch irgend etwas war Pamela plötzlich und unerwartet von Richard angezogen worden, und eine gegenseitige sexuelle Attraktion begann zu wirken. Es war nicht auf den ersten Blick geschehen, noch hatte diese Attraktion nur geschlummert, sondern Pamela sah Richard plötzlich in einem ganz anderen Licht, was bewirkte, daß sie sich in ihn verlieben konnte. Sie sah ihn in einer Umgebung, wo sein Wissen und die Autorität seines Berufs deutlich wurde, und sie bekam ein völlig anderes, eher dynamisches Bild von ihm. Dadurch wurde etwas in ihr verändert, und sie konnte anders auf ihn reagieren.

Man hat es oder hat es nicht?

Die Veränderung, die Pamelas Bild von Richard durchgemacht hatte, wirft die Frage auf, ob eine sexuelle Anziehungskraft wohl vorsätzlich hergestellt werden kann. Hätte Richard schon bei ihrem ersten Kennenlernen sich anders darstellen können? Kann irgend jemand diese besondere Mischung verschiedener Elemente bewußt herbeiführen, wodurch der Funke ausgelöst wird, oder ist diese Fähigkeit ein Teil unserer angeborenen Persönlichkeit?

Genetisch festgelegt?

Wir unterhielten uns unter anderem mit mehreren Schauspielern darüber, und einer meinte, daß die Fähigkeit, eine sexuelle Anziehung auszustrahlen, ein wesentlicher Teil der Persönlichkeit sei.

«Man kann diese Ausstrahlung auf der Bühne oder im Film nicht darstellen, wenn man sie nicht wirklich besitzt», behauptete er. «Man kann das nicht heucheln oder in einer Schauspielschule lernen. Es muß ein Teil von dir selbst sein. Es gibt Schauspieler, die auf der Leinwand jeden überstrahlen. Cary Grant gehört dazu; ich traf ihn

... ein Teil von dir ...

neulich in einem Restaurant, und selbst heute hat er noch diese Ausstrahlung. Jean Harlow hatte sie und Marilyn Monroe auch; bei ihnen kam noch das Element der Verletzlichkeit dazu. Beide teilten den Zuschauern gleichzeitig zweierlei mit: ‹Ich kann mir die ganze Welt untertan machen› – und ‹du kannst mir weh tun›.

Don Murray, der mit der Monroe in ‹Bus Stop› spielte, hatte diese Ausstrahlung ebenso wie James Dean und Marlon Brando. Burt Reynolds hat sie heute. Aber ich behaupte, daß man sie nicht vortäuschen kann. George Lazenby, der Sean Connery in den James Bond-Filmen ersetzen sollte, besaß dieses gewisse Etwas nie. Bei ihm sprang nichts über, er ‹verpuffte›.»

Burt Reynolds und Sean Connery

Eine Schauspielerin, die diese sexuelle Ausstrahlung sehr erfolgreich einsetzt, ist Cathérine Deneuve. Dieses schwer zu fassende gewisse Etwas ist für die meisten Männer spürbar, die sie auf der Leinwand sehen – und auch für viele Frauen. Die Hersteller von Chanel-Parfums nutzten die Fähigkeit der Deneuve aus, diesen sexuellen Kontakt mit ihren Zuschauern herzustellen und stellten sie für Werbezwecke an. Ein Reklamefachmann, der es aus erster Hand wußte, meinte: «Die Deneuve hatte einen guten Einfluß auf die Verkaufsziffern von Chanel. Aus irgendeinem Grund aber, sei es ein Wechsel der Werbeagenturen oder ein anderer Geschäftsführer, wurde sie durch eine andere Art von Werbung ersetzt. Der Erfolg war, daß die Verkaufsziffern heruntergingen; ich hoffe, sie können sie zurückbekommen.» Wir waren überrascht und fragten: «Haben Sie denn Aktien von Chanel?» – «Zum Teufel, nein, aber ich bete diese Frau an! Wenn ich vor dem Fernseher sitze, und sie erscheint auf der Bildfläche, dann bin ich plötzlich hellwach.»

Cathérine Deneuve

Die sexuelle Attraktivität als Werbeträger

Die Fähigkeit, seine sexuelle Ausstrahlung dazu zu benutzen, etwas zu verkaufen, ist nicht neu. Wie viele Autos werden nicht zusammen mit hübschen jungen Mädchen in den Reklamen angepriesen? Dabei kommt es auf das «jung» auch nicht immer an. Das Interessante daran ist, daß all diese Werbung zwar in vielen Fällen das andere Geschlecht ansprechen soll, aber nahezu genauso häufig

Unterbewußtes Verkaufsargument

auf das gleiche Geschlecht gerichtet ist. Deneuve verkaufte Parfum an Frauen; männliche Mannequins verkaufen Männerkleidung. Aber es gibt Sinn, wenn wir verstehen, daß diese sexuelle Anziehungskraft zwischen Männern oder zwischen Frauen genausogut bestehen kann wie zwischen Mann und Frau.

Die Idee, über sexuelle Ausstrahlung ein Produkt zu verkaufen, ist nicht neu. Vielleicht hatte sie schon der erste Neandertaler, der den anderen Höhlenmenschen seine Feuersteine verkaufen wollte. Ganz sicher spielte sie bei Cäsars Einfluß auf die Römer eine Rolle, erklärte, warum König Arthur in Britannien so berühmt wurde, warum

Napoleon in Europa so weit kam und war auch in der nicht zu fernen Vergangenheit am Werk, als Hitler ein ganzes Volk mit seiner besonderen sexuellen Ausstrahlung betörte. Billy Graham verwendet seine Ausstrahlung im Namen seiner Religion; ohne Frage hatte John F. Kennedy dieses gewisse Etwas, und zweifellos hat Jimmy Carter es nicht.

Menschen, die Vorträge halten, predigen oder sonst viel mit anderen Menschen zu tun haben, müssen in der Lage sein, diesen gewissen Funken zum Überspringen zu bringen, oder sie riskieren, daß sie das Interesse ihrer Studenten, der Gemeinde oder der Zuhörerschaft verlieren. Einer von uns hatte vor kurzem die Gelegenheit, bei einer Tagung von Auktionatoren mit dem Veranstalter beim Abendessen zu sprechen. Blaine ist aufgeschlossen und voller Energie und kann seine sexuelle Ausstrahlung bei den Teilnehmern an einer Auktion anwenden. «Du mußt sie dazu bringen,

daß sie dir vertrauen, dich akzeptieren und an dich glauben», erklärte er, «wenn einer von uns vor einer Gruppe von potentiellen Käufern steht, dann flirten wir und benehmen uns so ähnlich wie ein Schauspieler vor der Kamera oder auf der Bühne. Manchen von uns fällt das nicht schwer. Wir sind so, ob wir nun am Mikrofon oder inmitten unserer Freunde stehen. Aber Sie würden sich wundern, wenn Sie wüßten, wie viele Auktionatoren eigentlich sehr stille, schüchterne Menschen sind, die ihre Energie und ihren Charme nur zeigen, wenn sie verkaufen. Das ist etwas, was man in unserem Beruf entwickeln kann und auch muß.»

Die Auktionatoren, von denen Blaine gesprochen hatte, stritten nicht ab, daß sie ihre sexuelle Anziehung einsetzten. Sie bejahten sie voll. Eine Psychologin, die sich auf die Behandlung von Sexualstörungen spezialisiert hat, gab zu, daß ihre Patienten häufig ihre sexuelle Ausstrahlung unterdrückten und so zu den sexuellen Schwierigkeiten beitrugen oder daß dieses Verhalten sogar der Grund dafür war. «Ein Teil meiner Aufgabe ist, ihnen zu zeigen, wie sie ihre sexuelle Anziehungskraft entdecken und nutzen können.» Wir erinnerten uns daran, was unser Bekannter, der Schauspieler, gesagt hatte, und meinten: «Aber ist die Fähigkeit zur sexuellen Ausstrahlung nicht ein Teil der Persönlichkeit, etwas, was man entweder hat oder nicht hat?»

«Ja, das stimmt», gab sie zu. «Aber Sie müssen daran denken, daß die Persönlichkeit nicht festgelegt ist. Sie kann sich ändern und auch aktiv verändert werden. Man kann ganz sicher lernen, wie man seine sexuelle Ausstrahlung für sich verwendet – wenn man erst einmal weiß, was das eigentlich ist.» *Sich ändern lernen*

Was ist «das gewisse Etwas»?

Zu diesem Zeitpunkt machten wir, die Forscher, einen Rückzieher. Durch all das, was wir bisher erfahren hatten, wurden unsere Bedenken bestätigt, daß es nicht leicht sein würde, sexuelle Anziehungskraft zu definieren. Wir sprachen mit immer mehr Menschen und fingen an zu verstehen, daß diese Kraft «irgendwie» wirksam ist. Wir hofften jedoch, daß wir dieses «gewisse Etwas» in seine Einzelteile zerlegen und dann verstehen könnten, wie und warum es auf uns alle Einfluß hat. *Definitionsschwierigkeiten*

Wir stellten in all unseren Befragungen fest, daß drei Dinge vorhanden sein müssen, damit sexuelle Anziehung stattfinden kann, nämlich Energie, Begeisterung und Kraft. Diese drei Elemente sind tatsächlich ein wesentli- *Energie, Begeisterung und Kraft* cher Bestandteil von sexueller Anziehung. Sie müssen entweder in uns selbst oder in den Menschen vorhanden sein, die auf uns diese Anziehung ausüben, im günstigsten Fall auf beiden Seiten.

Meistens, wenn auch nicht immer, spielt *Unterwürfigkeit* bei einer sexuellen Anziehung eine Rolle. Der passive Mensch zieht selten andere an und hat kaum diese aufregende Ausstrahlung. Aber der unterwürfige Partner in einer Beziehung kann energiegeladen, begeistert und paradoxerweise stark sein. Häufig findet man Stärke in der Unterwerfung.

Attraktiv druch Unterwerfung

Irrtümlicherweise halten wir Unterwürfigkeit meistens für eine weibliche Eigenschaft, sprechen vom dominanten Mann und der unterwürfigen Frau. Das Umgekehrte, der unterwürfige Mann und die dominante Frau, ist genauso häufig für das Entstehen einer tiefen und dauerhaften sexuellen Anziehung verantwortlich. Das Durcheinander von dominant-weiblich-männlich-unterwürfig muß endlich einmal geklärt werden. Im Laufe dieses Buches wollen wir die Bedeutung von Unterwürfigkeit neu überdenken und sie als das sehen, was sie wirklich ist: etwas, was nicht auf ein bestimmtes Geschlecht begrenzt ist und häufig einen aktiven Bestandteil hat.

Nach vielen Interviews und ausführlicher Forschung sind wir zu folgendem Schluß gekommen: Sexuelle Anziehung besteht zwischen zwei aktiven Partnern, die ineinander ein beidseitiges Verlangen erkennen, ein meist noch undefiniertes Bedürfnis zu stillen.

Gegenseitige Bedürfnisse erkennen

Deutlich wird das meist in einer Kombination vieler Dinge: wie man aussieht, wie man sich gibt, die Art zu sprechen, sogar die Art zu denken, die Gesten, die man verwendet, der Gesamteindruck, den man von sich selbst hinterläßt. Dazu gehören auch die Energie und die Begeisterung, die man für etwas hat, Stärken und manchmal Schwächen ...

Diese Anziehungskraft kann zwischen Liebenden vorhanden sein oder bei Menschen, die nicht ineinander verliebt sind und es auch nie sein werden. Sie wirkt bei Menschen verschiedenen und auch gleichen Geschlechts. Sie

22

kann dazu verwendet werden, Massen in Bewegung zu bringen, Zuhörer zu beeinflussen oder einem in einer geschäftlichen Situation zu dem zu verhelfen, was man erreichen will. Sie ist politisch und auch persönlich; beeindruckt den einen sehr, läßt aber vielleicht den anderen kalt!

Massen-suggestion

Ohne Worte

Blickkontakt

Der erste Funke

Ob die Augen die Fenster der Seele sind, sei dahingestellt, sie sind aber ganz sicher das ausdrucksvollste Mittel zur Kommunikation und das wichtigste für die sexuelle Ausstrahlung. Der erste Funke springt meist über die Augen über. Es gibt da einen Moment der Erkenntnis, in dem du weißt, daß das, was du siehst, dir gefällt, daß hier ein ganz besonderer Mensch vor dir steht, den du gerne kennenlernen möchtest. Oder aber es ist jemand, der dich sexuell anspricht, vielleicht jemand, den du verstehen könntest, ebenso wie er dich verstehen könnte. All das passiert in der Sekunde des ersten Blickkontaktes, aber außer dem Erkenntnisfaktor gibt es noch echte Kommunikation, die bei diesem Blickkontakt stattfindet. Vor nicht langer Zeit waren wir auf einer großen Cocktailparty und sahen plötzlich eine gute Bekannte von uns, eine sehr attraktive junge Frau. Nach dem üblichen: «Wie geht es denn so?» und «Was gibt's Neues?» fragten wir: «Hast du nach der Party noch etwas vor, oder wollen wir zusammen essen gehen?» Sie wies mit einer Kopfbewegung auf die andere Seite des Zimmers. «Seht ihr den großen, blonden Mann dort, der gerade mit der Gastgeberin spricht? Ich werde zusammen mit ihm gehen.» – «Sieht gut aus. Kennst du ihn schon lange?» – «Lange?» sie lachte. «Ich kenne ihn gar nicht. Habe noch nicht einmal mit ihm gesprochen. Es ist nur eine dieser Situationen, ihr versteht doch: ‹Über die

Nur ein Blick ...

Köpfe der Menge hinweg trafen sich ihre Augen ... ›» – «Ohne mit ihm zu sprechen, willst du mit ihm bekanntwerden?» – «Es beruht auf Gegenseitigkeit. Paßt nur auf.»

Das taten wir. Keiner von beiden näherte sich dem anderen besonders, aber viele ausdrucksvolle Blicke wurden getauscht – und etwa eine halbe Stunde später fing unsere Freundin den Blick des blonden Fremden ein, blickte auf ihre Uhr, dann auf die Eingangstür. Dann lächelte sie uns zu, holte ihren Mantel, verabschiedete sich von der Gastgeberin und ging zur Tür hinaus. Gerade in dem Moment hatte es der blonde Fremde geschafft, auch an der Tür zu sein und mit ihr die Party zu verlassen. Und vergnügt registrierten wir, daß all das passierte, ohne daß ein Wort fiel!

Ganz offensichtlich lag hier ein Fall einfachster, aber sehr beredter Körpersprache vor. Erst kam der Blickkontakt, um den anderen zu erkunden. Für jede Situation gibt es eine «anständige» Blickkontakt-Dauer. Das ist die Zeitmenge, während der du jemandem ins Auge sehen kannst, ohne mehr als freundliche Neutralität zu signalisieren. Wenn du diese Zeit nur eine Sekunde länger ausdehnst, dann sendest du schon eine Botschaft. Und diese Botschaft ist meistens: du interessierst mich. *Die Dauer ist entscheidend*

Wie lang kann der Blickkontakt «anständig» sein? Das hängt von der Situation ab und reicht von einer oder zwei Sekunden im Aufzug bis zu einer sehr langen Zeit, wenn du eine Zuhörerschaft ansprichst. Eine wichtige Tatsache ist, daß wir alle die richtige Zeitdauer kennen, die in einer bestimmten Situation angemessen ist, allerdings nicht instinktiv, sondern angelernt. Die Dauer des Blickkontakts ist ein Teil der vielfältigen Körpersprache, die wir dauernd verwenden, kann aber von einer Kultur zur anderen differieren. In einigen Kulturen in Afrika sind diese Blickzeiten sehr lang, in nördlichen Kulturen dagegen ziemlich kurz. *Kulturelle Unterschiede*

Indem sie Blickkontakt mit dem blonden Fremden herstellte und ihn länger als normal aufrechterhielt, teilte unsere Freundin ihm mit: «Ich mag dich», und ließ ihre persönliche Ausstrahlung auf ihn wirken. Sie benutzte ihre Augen, einmal um ihn einzuschätzen und dann, um ihm eine Botschaft zu senden. Als Antwort und als Beweis, daß ihre sexuelle Anziehungskraft auf ihn wirkte, ließ der Mann diesen verlängerten Blickkontakt zu. *Ein klares Angebot*

Wenn er früher fortgeschaut hätte, dann hätte er ihr damit mitgeteilt: «Ich habe kein Interesse», und das wäre das Ende gewesen. Aber er war interessiert, der Funke sprang über, und so erwiderte er nicht nur ihren Blick und suchte ihn auch bei späteren Gelegenheiten, sondern er gab ihr dazu noch ein weiteres Signal, er lächelte.

Ja, dieses Lächeln, dieses allgegenwärtige und ungeheuer nützliche Lächeln! Er sagte nicht nur: «Du interessierst mich», sondern außerdem: «Mir gefällt, was ich sehe. Ich möchte diesen Flirt noch etwas weitertreiben.»

Sprache ohne Worte

Sie kannte die Sprache ohne Worte und antwortete mit einem Lächeln.

Nach beinahe einer Stunde Flirt durch Augenkontakt kam die letzte Botschaft, der Blick auf die Uhr und dann zur Tür hin. Sie sagte so deutlich, als ob es ausgesprochen worden wäre: «Laß uns gehen.»

«Warum bist du nach dem ersten Blickkontakt nicht einfach zu ihm hingegangen?» fragte ich sie ein paar Tage später, als sie mir von ihrem wunderbaren Abend erzählte und von den Plänen, die sie zusammen schmiedeten. «Oder warum ist er nicht einfach auf dich zugegangen? Es war doch schließlich eine Cocktailparty, wo man mit anderen Gästen sprechen soll.»

Sie grinste mich verschmitzt an. «So brachte es aber mehr Spaß. So hatten wir beide ein Geheimnis. Wir wußten vom ersten Moment an, daß sich da zwischen uns etwas abspielte, aber wir wollten es in die Länge ziehen, wollten es so lange wie möglich genießen. Es ist so ein bißchen wie ein sexuelles Vorspiel. Je länger man das ausdehnt, desto aufregender ist der Höhepunkt. Wir sprachen noch kein Wort, als wir im Aufzug nach unten fuhren, und ich wartete, bis er ein Taxi geholt hatte, und erst dann … ja, so fing es an.»

«O nein», verbesserte ich sie. «Dein erster Blick brachte alles ins Rollen.» Und so ist es immer mit diesem ersten Blick – wenn sich überhaupt etwas entwickeln soll. Wenn der eine diesen ersten Blickkontakt ignoriert, dann spielt sich nichts ab. Wenn aber diese Person diese Aufforderung, und es handelt sich ganz sicher um eine Aufforderung, annimmt, egal aus welchem Grund, dann ist eine Möglichkeit gegeben, daß die sexuelle Anziehungskraft wirksam wird.

Eindeutige Aufforderung

Nun kann es aber passieren, daß dieselben zwei Menschen, die in einer Situation sehr stark aufeinander wirken, in einer anderen überhaupt nicht aufeinander reagiert haben, auch wenn nur die «äußerliche Situation» beim ersten Kontakt anders war. Wenn das der Fall ist, dann müssen wir vielleicht auf unser Gleichnis mit der chemischen Reaktion zurückkommen. Vielleicht fehlt die richtige Stimulierung, damit die Reaktion stattfinden kann.

In der anorganischen Chemie könnte diese Stimulierung durch Hitze, Elektrizität oder Wasser stattfinden; für die sexuelle Reaktion kann ebenso eine Stimulierung nötig sein. Vielleicht ist es der Blickkontakt oder einer von den Faktoren, auf die wir später noch genauer eingehen: allgemeine Körpersprache, Kleidung, geben Metakommunikation, Macht, die Aura der Verletzlichkeit und vieles andere. Jeder dieser Faktoren oder eine Mischung aus ihnen kann den Funken zum Überspringen bringen. *Zusätzliche Stimulierung*

Bei meiner Freundin auf der Cocktailparty war es der Blickkontakt. Bei Stephanie war es das Lächeln.

Lächeln

Stephanie, die als Psychologin mit Patienten arbeitet und zwei halbwüchsige Töchter hat, erzählte uns, daß sie große Schwierigkeiten in der Kommunikation mit ihnen hätte. «Natürlich geht das jedem so», sagte sie. «Das gehört schließlich zum Elterndasein dazu. Als Psychologin sollte ich das wissen. Meine Töchter haben angefangen, zu Tanzveranstaltungen in der Schule zu gehen. Sie haben noch keine echten Verabredungen, sie sind erst vierzehn und fünfzehn, sie gehen mit einer ganzen Gruppe. Jedenfalls kommen sie häufig von diesen Veranstaltungen wie am Boden zerstört zurück und schwören, sie würden nie wieder zu so etwas gehen. ‹Keiner der Jungens redet mit uns oder sieht uns nur an!› beschwerten sie sich. Das ist natürlich Unsinn, wie ich selbst feststellen konnte, als ich sie einmal abholte. Sie sind beide sehr attraktiv, und alle Jungens schauten sie an, aber weiter spielte sich nichts ab. *Die ersten Verabredungen*

27

An dem Abend setzte ich mich mit ihnen zusammen und sagte: ‹Bevor ich euren Vater kennenlernte, ging es mir genauso wie euch. Ich ging zu Tanzveranstaltungen und zu Parties, und kein Junge sagte mehr als ein oder zwei Worte zu mir.› Sie sahen mich abschätzend an und schienen zum erstenmal gewillt zu sein zuzuhören, was denn diese alte Frau der anderen Generation zu sagen hatte. ‹Wißt ihr, warum das so war?› fragte ich, und sie schüttelten den Kopf. ‹Weil ich so dumm war und glaubte, daß ich

Überheblichkeit aus Unsicherheit

die Jungens mit meinem Intellekt beeindrucken konnte, wenn ich ihnen nur zeigte, wie schlau ich war, wie ironisch und zynisch ich sein konnte. Wenn also einer von ihnen etwas zu mir sagte, sah ich ihn nur kalt an und antwortete mit einem brillanten Satz, der arrogant und überheblich war.› Ihre Gesichter zeigten ein widerwilliges Interesse. ‹Was passierte dann?› Ich zuckte mit den Achseln. ‹Die Knaben zogen sich zurück und ließen mich stehen, und ich ging nach Hause und heulte. Dann, einmal, ich weiß auch nicht warum, kam ein Junge auf mich zu, und statt ihn wie sonst mit einer beißenden Bemerkung abzukan-

Lächeln lernen

zeln, lächelte ich ihn an. Was für eine Offenbarung! Es war Zuneigung auf den ersten Blick. Es war das erste Mal, daß ich keinen Tanz ausließ, daß ich es fertigbrachte, meine brillanten Geistesgaben nicht auszuspielen.›» – «Haben deine Mädchen denn deine Ratschläge angenommen?» Stephanie lachte. «Natürlich nicht gleich. Da hieß es erst ‹Ach, Mami!› und die Augen wurden zum Himmel erhoben, aber mir fiel später auf, daß sie sich nicht mehr über die Parties beklagten und daß sie häufig von Jungens angerufen wurden. Und jetzt erzählen sie mir auch, wie sehr sie sich plötzlich in den oder den verknallt hätten. Ich

Verknallt

nehme an, die berühmten sexuellen Funken springen über.»

Nicken als Bestätigung

Ganz sicher hat das Lächeln die Lage für Stephanies Mädchen verändert. Blickkontakt kann Hoffnung machen, kann eine Botschaft senden, aber die Botschaft besteht nur aus: du interessierst mich. Wenn ein Mann einen anderen Mann auf der Straße ansieht und dabei die erlaubte Zeit überschreitet, dann sendet auch er diese Botschaft, was auf eine Beleidigung hinauslaufen oder eine Einladung für eine homosexuelle Begegnung sein kann. Aber es kann auch heißen: «Kenne ich dich nicht irgendwoher?» oder: «Du bist irgendwie ungewöhnlich/merkwürdig/aufsehenerregend.»

Wenn sich dem Blickkontakt ein Lächeln anschließt, dann wird der ganze Ton der Botschaft verändert. Auf der Straße wird daraus ein «Guten Tag». In einer Kleinstadt ist dieser ausführliche Blickkontakt mit nachfolgendem Lächeln sehr üblich. Auf den Straßen einer Großstadt, wo einer dem anderen eher mißtraut, ist es ein riskantes Signal, selbst wenn es zwischen Mann und Frau stattfindet. Die verärgerte Reaktion ist gewöhnlich: «Versucht er sich an mich heranzumachen?»

Blick + Lächeln = Begrüßung

In einer gesellschaftlichen Situation aber wird daraus etwas Angenehmes mitgeteilt, egal, ob es sich um Frau oder Mann handelt. «Wollen wir uns unterhalten? Ich finde dich nett. Ich würde dich gern kennenlernen. Du bist der einzige Mensch hier, mit dem sich eine Unterhaltung lohnt.» Und schließlich, wenn alle anderen Faktoren stimmen, kann es auch heißen: «Ich finde dich sexy.»

Interesse signalisieren

Peter erlernte in einem meiner Kurse über Körpersprache das Lächeln, das dem Blickkontakt folgt. «Ich gehe gern zu diesen Treffpunkten für Unverheiratete», gestand Peter uns. «Aber aus irgendeinem Grund war ich nie so recht erfolgreich, machte ich nicht den richtigen Eindruck. Ich konnte selten diese sexuelle Anziehung spüren, von der Sie sprechen – oder wenn ich das einmal fühlte, dann schien es nicht auf Gegenseitigkeit zu beruhen. Ich rede zum Beispiel mit einer Frau, und anfangs scheint sie auch interessiert, aber nach ein paar Minuten ist es vorbei.

Peters Pech

29

Ich merke, wie ihr Blick zu wandern beginnt, und es ist so, als ob zwischen uns ein Vorhang fällt.» Wir wunderten uns ein bißchen darüber, denn Peter ist ein attraktiver junger Mann, dunkel und mit diesem Schlafzimmerblick, den so viele Frauen romantisch finden. «Jetzt, wo Sie den Kursus mitgemacht haben», fragten wir, «haben sich da die Dinge in bezug auf die Möglichkeiten verbessert?» Peter grinste: «Da können Sie Gift drauf nehmen. Dieser Kurs hat mein Leben verändert.» – «Wie denn?» – «Also zuerst der Blickkontakt. Vorher habe ich die halbe Nacht damit verbracht, eine Frau zu finden, die sich für mich interessierte. Jetzt weiß ich, daß eine Frau mir nicht die kalte Schulter zeigen wird, wenn sie mir vorher einen Blickkontakt erlaubte, der die angemessene Dauer überschritt. Sie hat nichts dagegen, sich mit mir zu unterhalten. Und ich lächle, um ihr zu zeigen, was ich empfinde.» – «Ist das denn etwas Neues?» – «Ja, Mann, vorher habe ich doch nie gelächelt. Ich fand das nicht lässig genug, aber ich lächle jetzt und gehe dann zu ihr, um mit ihr zu sprechen – und das mache ich jetzt auch ganz anders.» «Wieso das?» Peter runzelte die Augenbrauen: «Ich habe nie verstanden, warum Frauen das Interesse verloren, wenn ich mit ihnen sprach, bis ich etwas von Rückkopplung lernte. Aus irgendeinem Grund habe ich nie genickt, wenn ich Leuten zuhörte. Allein daß ich gelernt habe zu nicken, hat einen Riesenunterschied gemacht.»

Nicken als Rück-
kopplung

Dieses unauffällige Nicken, das beinahe jeder in einer Unterhaltung anwendet, sagt dem anderen: Ja, ich höre dir zu. Ich bin deiner Meinung. Du hast recht und so weiter. Wenn du der Empfänger dieses Signals bist und selbst wenn es dir nicht bewußt wird, dann hast du das Gefühl, daß der andere auf deiner Seite ist. Wenn das Nicken fehlt, dann hast du den Eindruck, daß du gegen eine Wand redest. Auf dem Gebiet der sexuellen Anziehung kann das intensivste Gefühl verpuffen, bevor etwas daraus entstehen kann, wenn diese Rückkopplung, das Nicken, fehlt.

*Bestätigung des
Gefühls*

30

Die verklemmte Haltung

Es gibt also bei der sexuellen Kommunikation eine sehr beredte, lautlose Körpersprache, die angewendet werden muß, damit der Funke überspringen kann. Wir haben über die Bedeutung von Blickkontakt, von Lächeln und von der Rückkopplung des zustimmenden Nickens gesprochen, aber es gibt noch andere Elemente der Körpersprache. Da ist zum Beispiel die offene, entspannte und die verschlossene, verklemmte Körperhaltung. *Entspannt oder verkrampft*

«Ich weiß nicht, warum ich solche Schwierigkeiten habe, Freunde zu finden», sagte Karen. «Ich bin einsam und brauche, weiß Gott, Freunde und Bekannte, aber es gibt Zeiten, da habe ich das Gefühl, ich bin ganz allein in einer kalten, fremden Welt. Und sexuelle Anziehung? Das kann ich mir aus dem Kopf schlagen. Ich habe eine solche Kraft zwar oft bei einem anderen gespürt, aber bei mir scheint das nicht vorhanden zu sein!»

Sogar in ihrem Gespräch mit uns schien Karen fremd, kalt und abweisend zu sein. Wir hatten unser Gespräch mit ihr auf Video aufgenommen und spielten es ihr hinterher vor. «Jetzt beobachten Sie sich einmal selbst», sagten wir. «Fällt Ihnen irgend etwas auf in Ihrer Art zu sitzen, in Ihren Handbewegungen, was Ihnen unfreundlich vorkommt?» Schon nach den ersten Minuten sagte Karen: «Bitte, schalten Sie das Band ab. Irgend etwas ist ganz verkehrt. Ich bin doch überhaupt nicht so, das weiß ich genau.» *Beweis auf Video*

Dieses «So-Sein» schloß Karens gesamte Körperhaltung ein. Sie saß starr da, die Schultern etwas nach vorne gebeugt und hatte die Arme verschränkt, während sie sprach. Sie rauchte während des Gesprächs, aber bewegte kaum die Arme, um die Zigarette zum Mund zu bringen. Ihre gesamte Haltung machte den Eindruck, als habe man jemanden vor sich, der angespannt, starr und vor allen Dingen unerreichbar war. *Abweisend und unerreichbar*

«Es ist beinahe so, als ob Sie sich körperlich in einen Ball zusammengerollt hätten», sagten wir. «Ihre Knie stehen dicht beieinander, Ihre Arme sind eng an den Körper gezogen. Selbst Ihr Gesicht trägt einen abweisenden Ausdruck, und Sie haben nicht ein einziges Mal während des Interviews gelächelt.»

Karen biß sich auf die Lippen, und ihre Augen füllten sich mit Tränen. «Aber so bin ich doch gar nicht. Ich bin weder kalt noch unfreundlich. Als ich mich da auf dem Bildschirm sah, war ich entsetzt. Das bin ich nicht!»

Die kalte Maske

Vielleicht nicht; wir aber hatten Karens Körper und die Signale, die er aussandte, beobachtet, und die Botschaft war deutlich: «Ich will nichts mit dir zu tun haben.»

Eine der Fragen, die uns während unserer Untersuchung beschäftigten, war, warum senden so viele Menschen mit ihrem Körper so widersprüchliche Botschaften aus, Botschaften, die das genaue Gegenteil von dem sind, was sie empfinden? Körpersprache ist schließlich unbewußt und sollte deshalb ehrlicher und direkter sein als das gesprochene Wort.

Es wäre allerdings zu einfach anzunehmen, daß jemand wie Karen wirklich Kontakt mit anderen wollte, nur weil sie es behauptete. Ein unbewußter Teil von Karen hatte

Angst vor Kontakt

Angst vor diesem Kontakt und vereitelte jedes Bemühen, sich zu öffnen und Wärme und Verständnis zu zeigen. Wir konnten Karens Einstellung nur verändern, wenn wir ihr genau erklärten, was in ihrem Verhalten diesen falschen Eindruck hervorrief und mit ihr arbeiteten. Aber obgleich wir ihre Körpersprache veränderten und es für sie einfacher machten, mit anderen zurechtzukommen, die wichtigste Veränderung mußte aus ihr selbst kommen. Ihre grundlegende Einstellung zu anderen Menschen und besonders Männern mußte sich verändern, ihr unbewußtes Selbst. Sie mußte die Wärme und Liebe wirklich *wollen*, nicht nur bewußt über ihren Kopf, sondern auch unbewußt im Herzen.

Als wir Karen erst einmal die grundsätzlichen Fehler in ihrer Haltung deutlich gemacht hatten: die verschränkten Arme, die starre Körperstellung, der kalte, verschlossene Gesichtsausdruck, fing sie an, sich zu ändern. Sie mußte

Bewußt dagegen angehen

sich bewußt bemühen, um zu lernen, wie man schneller lächelt, wie man in einer offenen Weise dasitzt, statt in

Verteidigungsstellung zu sein, wie man seinen Körper dem Gesprächspartner entgegenneigt. Ganz allmählich lernte sie diese kleinen Tricks, und als es soweit war, passierte etwas Merkwürdiges: dieses neue, offenere Bild, was Karen sich selbst vorspielte, fing an, ihre gespannte und unflexible Persönlichkeit zu verändern. Sie fing an, selbst entspannter zu sein, freundlicher zu empfinden und konnte mit größerem Selbstbewußtsein Blickkontakte aufrechterhalten – das wiederum machte ihre Körpersprache freier.

von äußerem zu innerem Verhalten

Als sie uns von ihrem ersten Erlebnis berichtete, wußten wir, daß das Schlimmste hinter ihr lag. «Es passierte im Bus», sagte sie. «Ich saß diesem Mann gegenüber, und er hatte irgend etwas, was mir sehr gefiel. Teilweise war es sicher seine Kleidung: er hatte eine Lederjacke mit Schaffell an, dazu enge, aber saubere Jeans und einen Cowboyhut auf. Es war klar, daß er ein Stadtmensch war, der Spaß an dieser Cowboymode hatte. Wir sahen uns immer wieder flüchtig an, versuchten uns einzuschätzen, dann sagte ich mir, warum eigentlich nicht, suchte seinen Blick, schaute nicht weg und lächelte sogar! Diesmal tat ich keins dieser schrecklichen verklemmten Sachen, die mich sonst immer so abweisend machen, und er lächelte zurück, so daß in mir eine komische Wärme direkt von den Beinen her aufstieg.» Sie lachte. «In dem Moment wußte ich, was Sie gemeint hatten. Eine merkwürdig euphorische Stimmung schien sich in mir auszubreiten. Wenn ich etwas mehr Mut gehabt hätte, wenn ich etwas weiter gewesen wäre, hätte ich etwas zu ihm gesagt, aber das konnte ich einfach nicht. Aber er hatte auch etwas gespürt, und ich wußte, daß das, was mich so verklemmt gemacht hatte, nicht mehr da war.»

Es klappt!

Dieses Erlebnis hatte zwar keine weiteren Folgen, aber es hatte ihr gezeigt, daß sie die Abwehrmechanismen, die sie um sich herum aufgebaut hatte, niederreißen konnte. Es hatte ihr gezeigt, daß sie nicht nur empfinden konnte, wenn jemand eine sexuelle Ausstrahlung hatte, sondern daß sie selbst diese sexuelle Anziehungskraft auch besaß.

Die Abwehrmechanismen einreißen

Wir sprachen mit einem Psychiater, der besonders mit schüchternen Menschen arbeitete, über diesen «Kreiseffekt» der Körpersprache, die Fähigkeit, sie zu ändern, je

33

nachdem, wie man empfindet. Er wies darauf hin, daß das, was Karen passiert war, ein grundlegender Teil seiner Therapie war. «Wenn Menschen extrem schüchtern sind, dann ist es meine Aufgabe, sie zu überzeugen, daß es sie nicht vernichten wird, wenn sie es wagen, einen Schritt aus sich herauszugehen. Im Gegenteil, wenn sie damit Erfolg haben, dann werden sie mehr Mut für den nächsten Schritt haben.

Ein Teil meiner Therapie ist die Veränderung ihrer Körpersprache. Ich zeige ihnen, wie man gerade dasteht, zum Beispiel, und Sie können sich kaum vorstellen, wie diese kleine Veränderung in ihrer Körperhaltung ihr inneres Selbst beeinflußt. Schon fühlen sie sich etwas stärker, scheinen etwas mehr aus sich herauszugehen. Wenn ich ihnen zeige, wie sie in ihrer Körpersprache etwas offener, etwas verbindlicher werden können, wie Sie es bei Karen gemacht haben, dann werden sie auch im Inneren offener, verbindlicher und empfänglicher.»

Die sanfte Berührung

Kürzlich führte eine Forschergruppe ein Experiment in einer öffentlichen Bücherei durch, um die Bedeutung der Berührung zu untersuchen. Die Bibliothekarin war gebeten worden, auf zwei verschiedene Weisen die Bücher abzustempeln, die ausgeliehen wurden. Anfangs tat sie es auf die normale Weise, ohne Körperkontakt zwischen sich und dem Ausleiher; sie stempelte die Bücher und gab sie dem Kunden. Dann änderte sie ihre Methode: jedesmal, wenn sie ein Buch abgestempelt hatte, übergab sie es dem Kunden auf eine Weise, die eine leichte Berührung möglich machte. Die Wissenschaftler hatten sich vor der Bücherei aufgestellt und befragten die Kunden, wie sie die Arbeit der Bücherei einschätzten. Viele Fragen sollten beantwortet werden; auch eine Bewertung der Bibliothekarin sollte vorgenommen werden.

Man stellte fest, daß die Bibliothekarin immer dann als

besonders warm und verständnisvoll bezeichnet wurde, wenn dieser leichte Körperkontakt stattgefunden hatte. Offensichtlich macht also eine Berührung, egal wie leicht, einen großen Eindruck auf die Person, die davon betroffen wurde. Auf dem Gebiet der sexuellen Körpersignale spielt die Berührung eine unschätzbare Rolle. Es ist ein Faktor, der deinen gesamten Eindruck von einer anderen Person verändern kann, oder, andersherum, den Eindruck, den du auf jemanden machst.

Viele Politiker sind sich dessen bewußt, und das «Händeschütteln» ist eine wichtige Methode geworden, die den Wähler von der Aufrichtigkeit überzeugen kann. Es ist sogar modern, nicht nur die Hand selbst zu ergreifen, sondern den Körperkontakt noch auszudehnen, indem man mit der anderen Hand den Oberarm des anderen ergreift.

Die Tricks der Politiker

Wir kannten einmal eine Frau, die auf diesem Gebiet enorme Fähigkeiten hatte. Vom Aussehen und der Persönlichkeit her war sie ziemlich durchschnittlich, und doch hatte sie bei Männern den Ruf, etwas ganz Besonderes zu sein, bei Parties setzten sich Männer immer gern zu ihr.

Wenn man ihr zusah und ihre Methoden analysierte, wurde es deutlich, daß sie außer Blickkontakt und einer offenen Körperhaltung auch das Moment der Berührung besonders gut anzuwenden wußte. Ihre Schenkel berührten ihren Gesprächspartner wie von ungefähr, ihre Hand seinen Arm, und es war nie die Art von Berührung, bei der man eine Absicht merkte, sondern nur ein ganz leichtes, beinahe zufälliges Berühren. Die Folge war allerdings, daß damit ein Nährboden für eine sexuelle Anziehung geschaffen wurde, und tatsächlich, es funktionierte!

Die Partylöwin

Es gibt natürlich eine richtige und eine falsche Art, jemanden zu berühren. Manche Menschen wissen intuitiv, wann ein Körperkontakt richtig ist. Sie erkennen den psychologisch richtigen Moment, wann sie dir ihren Arm um die Schulter legen, deine Hand ergreifen oder ihre Hand kurz auf deinen Rücken legen sollen.

Die intuitive Berührung

Barrie Stein, ein Verkäufer in Kalifornien, hatte den Ruf, mit seinen Verkaufserfolgen jeden Rekord zu brechen. Als er über seine Verkaufsmethoden nachdachte, fiel ihm auf, daß er bei seinem Verkaufsgespräch den Kunden immer am Arm faßte. Um die Wirkung dieser Methode zu prüfen, teilte er seine Verkäufer in zwei Gruppen. Die erste Gruppe berührte immer den Arm des Kunden, die andere nie.

Nach acht Monaten und etwa einem Tausend Verkaufsgesprächen stellte er fest, daß die «Anfasser» aus 10 Gesprächen durchschnittlich acht zum Abschluß geführt hatten, während es bei den «Nicht-Anfassern» nur durchschnittlich drei waren. Zur Erklärung, warum es funktioniert, meint Stein, daß die Berührung vielleicht die Sinneszellen der Haut beruhigt. «Menschen möchten berührt werden, es löst eine gute, emotionelle Reaktion bei ihnen aus.» Ein anderer Verkäufer erzählte uns: «Es gibt da einen Augenblick bei dem Verkaufsgespräch, wenn ein um die Schulter gelegter Arm, eine Hand auf dem Rücken dazu beitragen kann, daß der Abschluß zustande kommt. Diese Geste kann zu einer Atmosphäre von Wärme und Aufrichtigkeit beitragen. Man muß den richtigen Zeitpunkt allerdings genau kennen. Versuche so etwas zu früh, schon hast du den Handel verdorben; zu spät und du hast die Chance verpaßt. Wenn du diese Gesten zu früh anwendest, wirken sie unecht. Der Kunde denkt dann: Warum wird dieser Typ plötzlich so freundlich? Was will er mir andrehen? Und er besieht den ganzen Handel plötzlich viel mißtrauischer. Auf die gleiche Weise kann in einer persönlichen Situation die andere Person durch eine zu frühe Berührung gehemmt werden. Unsere Bekannte, die Frau, die in gesellschaftlichen Situationen das Element der Berührung so meisterhaft beherrschte, war sich dessen wohl bewußt. Sie nutzte den scheinbar unabsichtlichen Körperkontakt, ein aus Versehen gestreiftes Bein, eine Handberührung, um sich angeblich im Gleichgewicht zu halten, wenn sie sich zum Tisch vorbeugte, die angeblich unbewußten Berührungen, die eine ebenso unbewußte Wirkung haben. All das verwendete sie zu Beginn jeder Beziehung.

Die *merkbar beabsichtigte* Berührung, die Hand auf dem Arm des Mannes oder sogar auf seinem Bein, kam

Verkaufstraining

Achtung vor Vertraulichkeit

Die beabsichtigte Berührung

später, nachdem schon eine Atmosphäre von Wärme und Verständnis geschaffen worden war.

Es gibt außerdem die heilende Berührung, von der viele Parapsychologen glauben, daß sie eine Manifestation des Kirlian-Effekts ist. Semyon Davidovich Kirlian, ein Russe, entdeckte dieses Phänomen 1939, was seitdem in den USA und Europa ausführlich untersucht worden ist. Unter bestimmten fotografischen Bedingungen konnte Kirlian die sogenannte «Aura» von einem lebenden Objekt, sei es Pflanze oder Tier, fotografieren, ein im allgemeinen unsichtbares Feld um Pflanze oder Tier. *Die sogenannte Aura*

Bei manchen Menschen war die Aura schwach. Bei anderen strahlte sie aufflackernd und in intensiven Farben. Mit dem bloßen Auge konnte diese Aura nicht wahrgenommen werden, aber auf Kirlians Fotografien war sie deutlich vorhanden. Es gibt viele Zeugen, die behaupten, daß man sie fühlen kann, und vielleicht ist sie wirklich die Ursache für die heilende Berührung. Es gibt Menschen, die mit ihrer Berührung trösten, beruhigen und vielleicht sogar heilen können. Wenn jemand mit dieser Fähigkeit dir die Hand in einer freundlichen Geste auf den Rücken legt, kann es passieren, daß dein ganzer Körper davon angeregt und sogar ein sexuelles Empfinden geweckt wird. *Hand auflegen*

Vor ein paar Jahren – es war auch gerade modern –, nahm eine Freundin an einem Encounter-Wochenende teil, wo man unbekleidet miteinander umging, und sie meinte, daß sie da viel über sich selbst gelernt hätte. «Ich habe allerdings auch viel über die Bedeutung von Berührung gelernt. Einmal mußten wir uns alle, Männer und Frauen, in einem unbeleuchteten Zimmer bewegen und einander berühren, nichts weiter. Der Leiter bestand darauf, daß wir uns entspannen und nur die Berührung erfahren sollten. Anfangs war das seltsam, diese Hände auf meiner Haut, meine Hände auf fremden Körpern, und ich wurde von den verschiedensten Gefühlen überfallen: Furcht und Anspannung, und was zum Teufel mache ich bloß hier? Plötzlich – ohne Warnung – war da eine Berührung, die so anders war als alle anderen, daß es mich echt *Feeling-Therapie* schockte. Dort im Dunkeln, ohne zu wissen, wer es war; und doch spürte ich sofort eine Reaktion und was für eine Reaktion! Ich fühlte mich getröstet und, ja, richtige Freude. Ich war ganz schwach und zitterte. Ich bewegte mich weiter durch die Gruppe hindurch und wollte diese Hände wiedertreffen, um das Ganze noch einmal zu fühlen.»

«Und hat es geklappt?»

«Ja. Und dann, einen Tag später beim Abendessen, als wir alle angezogen waren, legte einer der Männer, den ich zuvor kaum bemerkt hatte, seine Hand auf meinen Arm, und ich erkannte plötzlich diese Berührung. Ich fühlte, wie mich dieselbe Schwäche überkam, als ich hochblickte und ihn ansah. Bis dahin war er nur einer der Gruppe gewesen, aber jetzt wußte ich, daß ich ihn kennenlernen mußte, bevor das Wochenende vorbei war.»

Wie ein elektrisches Signal

«Was passierte dann?»

«Ja, damit kam ganz sicher etwas ins Rollen. Wir treffen uns immer noch. Das Erstaunliche an dem Ganzen ist für mich, daß ich nie gewußt hätte, daß er etwas ganz Besonderes ist, wenn ich da nicht diese isolierte Berührung in dem dunklen Zimmer gespürt hätte; ohne diese Berührung hätte ich das wahrscheinlich nie gewußt.»

Nicht jeder hat die Gabe der einzigartigen und heilenden Berührung, aber wir alle können Körperkontakt dazu verwenden, um eine Botschaft von Wärme und Verständnis zu senden, egal, ob es einen Menschen desselben oder des anderen Geschlechts betrifft. Es gibt ein unglaublich ergreifendes Foto aus dem Koreakrieg, wo ein Soldat seinen verwundeten Kameraden im Arm hält. Selbst auf diesem Schwarzweißbild wird deutlich, wie sehr der Verwundete durch den Körperkontakt seines Kameraden getröstet wird.

Botschaft von Wärme und Verständnis

Trost, Erleichterung, Beruhigung, Wärme, Verständnis, Liebe und Attraktion können durch die Berührung gezeigt werden. Es ist interessant, wenn man sieht, daß wir uns dessen auch bewußt sind, da wir in unserer Sprache das Wort Berührung auf die verschiedenen Weisen verwenden. Wir sind «gerührt», wenn uns etwas emotio-

38

nell anspricht. Eine traurige Szene ist «rührend»; eine Geste oder ein Vorfall kann uns das Herz «anrühren». Hierin liegt der Beweis, daß die Berührung ein außerordentlich wichtiges Element in unserem Leben ist.

Es wird also deutlich, daß sexuelle Anziehungskraft sich zwar aus allerlei scheinbar geheimnisvollen Elementen zusammensetzt, daß die einzelnen Elemente aber voneinander getrennt, einzeln verstanden und dann sogar verwendet werden können, um eine Atmosphäre zu schaffen, wo die sexuelle Anziehungskraft leichter wirksam werden kann.

In diesem Kapitel haben wir über Blickkontakt, zustimmendes Nicken, Körperhaltung und Berührung gesprochen. Garantiert ist natürlich nicht, daß eine sofortige oder selbst auch nur eine allmähliche Attraktion stattfinden wird, aber ohne sie wird es ganz sicher keine Anziehung geben.

Diese Verhaltensweisen können uns helfen, uns von Blockierungen zu befreien, die viele von uns unbewußt aufstellen, Blockierungen, die nicht zulassen, daß sich zwischen zwei Menschen eine Beziehung herstellen kann. Unsere Methoden funktionieren außerdem mit einer gewissen internen Rückkopplung. Wenn wir eine von ihnen anwenden, also zugänglicher *erscheinen*, dann *fühlen* wir uns meistens auch offener und zugänglicher. Und das wiederum erleichtert uns ein echtes offenes und verbindliches Verhalten.

Blockierungen lösen

Metakommunikation

Die Stimme

Vor einiger Zeit war ich Gast bei einem Fernsehprogramm in Cleveland; Julie London, die Sängerin und Schauspielerin, war auch da. Wir unterhielten uns eine Weile, während wir warteten, und verstanden uns gut. Ein paar Wochen später hörten wir zufällig eine Reklame im Fernsehen, wo Julie London für ein bekanntes Schönheitsprodukt warb. Ihre Stimme klang sehr sexy und war ganz anders als die Stimme der Frau, die ich kennengelernt hatte, und doch war es ganz sicher Julie London. Hatte man sie synchronisiert?

Tief und sexy

Nein, es wurde klar, daß sie anscheinend nur mit einer anderen, tieferen Stimme gesprochen hatte, die aus dem Brustkasten statt vom Kopf her kam, und so rauher und sinnlicher klang, diese Wirkung war berechnet, um die männlichen Zuschauer auf eine sexuelle Weise anzusprechen.

Das Erlebnis mit Julie London brachte uns dazu, die Stimmen von weiblichen Nachrichtensprechern im Fernsehen genauer zu beachten, und es wurde bald offensichtlich, daß die Frauen, die gelernt hatten, mit einer tieferen Stimme zu sprechen, weniger näselnd und ohne hohe Frequenzen, erfolgreicher und beliebter waren.

Laut oder leise

Die Stimme hat die Fähigkeit etwas mitzuteilen, über die reine Bedeutung der Worte hinaus, die wir benutzen. Eine laute Stimme kann Ärger, Stärke, Autorität, Streß und Angst ausdrücken, während eine leise Stimme sich verschwörerisch, intim, heimlich anhört, sanft oder auch ängstlich klingt. Es ist nicht ungewöhnlich, daß man starke Gefühle nur für eine Stimme entwickelt; Tatsache ist, daß Menschen sich in Stimmen verliebt haben. Ein Freund von uns ist Funkamateur und erzählte uns, daß er seine Frau übers Funken kennengelernt habe.

«Sie war eine fanatische Funkamateurin, und wir unterhielten uns die halbe Nacht. Sie hatte eine ganz besondere Stimme, die nie weit von einem leichten Lachen entfernt zu sein schien, und außerdem hatte sie diesen hübschen Dialekt. Natürlich war auch das, *was* sie sagte, wichtig; wir hatten irgendwie dieselbe Antenne für Dinge, aber letzten Endes war es ihre Stimme, weich und gleitend, mit dem kleinen, versteckten Lachen. Das muß ja eine dolle Frau sein, dachte ich und entschloß mich, in meinem nächsten Urlaub eine Fahrradtour zu machen und sie kennenzulernen.» *In die Stimme verliebt*

«Und warst du enttäuscht?»

«Ganz und gar nicht. Ich war eigentlich schon in sie verliebt, bevor ich sie persönlich kennenlernte, und als wir uns dann trafen, dann paßte alles zusammen. Vier Monate später heirateten wir.»

Der Funke war bei diesen beiden über eine große Entfernung übergesprungen, ohne daß einer den anderen gesehen hatte, und wenn jemand bezweifelt, daß ein Radio, das doch nur die *Stimme* einer Person wiedergibt, das bewirken kann, dann sollte er nur beliebige Radioberühmtheiten fragen, wie viele Heiratsangebote, Liebeserklärungen und Briefe begeisterter Anhänger er oder sie bekommen. Manchmal wird die sexuelle Anziehungskraft sogar stärker und intensiver, wenn nur die Stimme zum Tragen kommt. *Liebeserklärungen und Heiratsangebote*

Timbre und Akzent

Auf welche Weise kann die Stimme eine Botschaft vermitteln? Erst einmal ist da die emotionelle Färbung. Egal, was für Worte wir wählen, das Gefühl, das in der Stimme mitschwingt, teilt uns etwas mit. Dieses «Etwas» kann grob sein oder sanft, derb, angenehm, sarkastisch, schmeichelnd, jammernd u. v. a. m. *Die Seele «schwingt mit»*

Ein Freund, dessen Tochter in einer anderen Stadt studiert, sagt, daß er bei einem Telefonanruf von ihr nach den ersten zwei oder drei Worten weiß, ob sie Schwierigkeiten hat. «Ein jammernder Ton bedeutet im allgemeinen, daß sie um Geld bitten wird. Sie klingt lustlos und deprimiert, wenn sie Probleme mit ihrem Freund hat, etwas defensiv, wenn sie mit ihren Studien nicht weiterkommt. Ein heller, fröhlicher Ton in ihrer Stimme sagt, daß alles in Ordnung ist. Egal, was sie sagt, ihre Stimme selbst ist das wahre Barometer ihrer Gefühle.»

Barometer der Gefühle

Dieser besondere Ton kann auch in einer neuen Bekanntschaft den Funken zum Überspringen bringen, z. B. Eva. Wenn sie auf einer typischen großen Cocktailparty ist, wo einer den anderen einzuschätzen versucht, dann wählt sie sich ein Opfer für den Abend, einen Mann, der ihr aus irgendeinem Grund gefällt. Sie geht auf ihn zu und sagt: «Hallo, ich bin Eva.» Er sieht schnell und interessiert auf, und man kann sehen, daß etwas in Bewegung gebracht wird.

Eva weiß, was sie will

Was genau nun hat Eva getan, um seine Aufmerksamkeit so schnell auf sich zu lenken? Zuerst einmal ihr «Hallo», es klang etwas atemlos, und bei der zweiten Silbe ging sie mit der Stimme nach oben, was dem Ganzen eine Art fröhlichen Versprechens gab. «Eva» sagte sie wiederum mit einer tieferen Stimme, in der sie ihre eigene Identität (ich bin eine warmherzige Frau) vorstellte. Die Worte waren auf eine komplizierte Weise verpackt, und in ihnen lag eine Bedeutung, die weitaus tiefgreifender war als die Worte an sich: «Sie interessieren mich. Wir könnten uns gut zusammen amüsieren.»

Und der Mann antwortete: «Wen haben wir denn hier?» und diese Worte, langsam, auseinandergezogen und fragend senden auch eine Botschaft, nämlich die der freudigen Entdeckung: «Wie angenehm, jemanden wie Sie zu finden!»

Die zusätzliche Dimension

Jede Aussage, die wir machen, hat noch eine Art von Bedeutung, die dem Sinngehalt unserer Worte eine andere Dimension hinzufügt. Wenn die Tochter zu Hause anrief, konnte man ihre wahren Gefühle allein an ihrer Stimme ablesen. Bei Eva gab es ein etwas atemloses Versprechen einer unterhaltsamen Begegnung. Bei Elaine, einem mehr nüchternen Frauentyp, ist die Botschaft eine ganz andere. Wenn Elaine jemandem begegnet, sagt sie: «Hallo, ich bin Elaine», aber ihr Hallo ist kurz und direkt und aus dem «ich bin Elaine» spricht nur das Bekanntgeben einer Tatsache, ohne Schnörkel und Verzierung. Ihre Metabotschaft *Die Meta-* ist direkt, «sieh mich als die, die ich bin, nicht mehr und *botschaft* nicht weniger und ohne neckische Versprechungen».

Wird durch Elaines Metakommunikation der gleiche Funke ausgelöst werden wie bei Eva? Dann, wenn der Mann, dem sie begegnet, sehr offene Frauen mag. Aber Elaine würde sich sowieso nur für einen solchen Mann interessieren, also diente ihre direkte Botschaft dem richtigen Zweck.

Er wiederum antwortet ihr mit: «So, Sie sind Elaine.» Er sagt es ohne die gewollte Betonung des Mannes, der auf Eva reagierte. Es ist nur eine einfache Feststellung, aber seine Wortwahl läßt durchblicken, daß er sie schätzt, daß *Eine klare* sie ein Mensch ist, den er gerne näher kennenlernen *Reaktion* möchte; er antwortet im gleichen Ton und beruhigt sie, indem er ausdrückt, daß es sich um eine normale, freundliche Begegnung handeln wird.

Diese Metabotschaften findet man in allem, was wir sagen. Wenn man einem Erwachsenen zuhört, wie er zu einem Baby spricht, dann wird deutlich, daß es weniger darauf *Babysprache* ankommt, *was* er sagt, sondern *wie* er es sagt. Unsere Stimmen verändern sich meistens, wenn wir mit einem sehr jungen Kind sprechen. Manchmal reden wir sogar in Babysprache, formen bedeutungslose Silben oder machen einfache Geräusche. Die Worte haben keinerlei Bedeutung; die Metabotschaft unserer Stimme, die sanften, schmeichelnden Geräusche dringen in das Bewußtsein des Babys.

Aber auch für Erwachsene hat die Metabotschaft in unserer Stimme eine Bedeutung. Wie viele Ehepartner behaupten immer wieder: «Ich bin gar nicht ärgerlich!», ob- *Der Ton macht* gleich ihre Stimmen ätzend sind vor unterdrückter Wut. *die Musik* Und wie viele Kinder hören in den Stimmen ihrer Eltern diesen Ärger und diese Verachtung, obgleich angeblich nur «diskutiert» und nicht «gestritten» wird. «Wir streiten uns nie vor den Kindern!» – aber die Kinder wissen Bescheid. Egal, wie belanglos die Worte selbst sind, die «Verpackung» läßt sie vernichtend und grausam klingen. Diese «Verpackung» kann auch einfach das Produkt einer bestimmten Kultur sein. Für einen Amerikaner kann ein fremder Akzent allerlei bedeuten und die verschiedensten Botschaften aussenden. Ein junger Mann, der ein Ferienlager für Studenten besucht hatte, berichtete uns, daß er sich bis über beide Ohren in eine junge Frau verliebt hatte, *Südstaatenakzent* die einen Südstaatenakzent hatte. «Es klang so sexy. Bei diesem Akzent wird jedes Wort gestreichelt, und mir wurde schon ganz heiß, wenn ich mir nur vorstellte, daß sie mir mit dieser Stimme allerlei Verrücktheiten ins Ohr flüsterte. Das Komische war, daß sie, wie ich herausfand, genausowenig aus den Südstaaten stammte wie ich. Sie war nur ein Semester dort ins College gegangen und hatte sich da diesen verführerischen Akzent angeeignet. Aber das war mir egal. Ich wollte gern an ihren Phantasievorstellungen teilnehmen.»

Es ist wirklich unsere Phantasie, die mit uns durchgeht, wenn wir einen Dialekt oder einen ausländischen Akzent hören. Für unseren jungen Mann klang der Südstaatenak- *Der französische* zent sexy. Eine junge Frau findet einen französischen Ak- *Akzent* zent aufregend. «Es verdreht mir einfach den Kopf. Ich sah einen alten Film mit Charles Boyer im Fernsehen und war ganz hin. Und erst Belmondo! Unglaublich!»

Andere finden einen italienischen oder einen spanischen Akzent aufregend. Selten wird ein deutscher Akzent als *Der deutsche* sexy bezeichnet, eher als humorvoll, witzig wie der ver- *Akzent* rückte Professor, der verwirrte Wissenschaftler. Allerdings gibt es auch Marlene Dietrich! Letzten Endes kommt es immer darauf an, wie der jeweilige Akzent deine innere Phantasiewelt anspricht. Ein kultivierter britischer Akzent kann intelligent und gebildet klingen. Ein uns bekannter Geschäftsmann stellt für die Rezeption im- *Der britische* mer britische Frauen ein. «Irgendwie geben sie dem Ge- *Akzent* schäft Stil», gestand er uns. «Kunden haben mir gesagt, daß sie wegen dieser Stimme am Telefon ihre Meinung über die Firma geändert hätten.»

Der Akzent und das Timbre einer Stimme kann nicht

nur die eigene Meinung ändern, sondern er kann auch bio-
chemisch das auslösen, was wir sexuelle Anziehung nennen, genauso wie ein hübsches oder ausdrucksvolles
Gesicht.

Tonlage, Tempo und Rhythmus

Eine Stimme besteht nicht nur aus einem Akzent. Andere
Elemente senden ebenso wichtige Metabotschaften. Die
Weise, wir wir *atmen*, hat zum Beispiel viel damit zu tun, *Atmen*
wie uns andere sehen. Wenn wir um etwas trauern, wenn
wir erschöpft oder deprimiert sind, atmen wir flach und
drücken dadurch unsere wahren Gefühle aus. Wenn wir
ärgerlich oder aufgeregt sind, dann atmen wir tiefer.

Unser Atmen beeinflußt die Qualität unserer Stimme,
wie schnell und wie betont wir sprechen. Kurze Pausen *Pausen*
zwischen den einzelnen Worten lassen die Sprache geord-
neter erscheinen. Der Zuhörer bekommt den Eindruck,
daß man organisiert und sicher ist. Wenn die Pause zu
kurz gehalten wird, dann klingt man allerdings leicht zu
kühl.

Die *Schnelligkeit*, mit der wir sprechen, sendet auch *Sprechtempo*
eine Botschaft. Ein schnell sprechender Mensch kann
überzeugend wirken; wenn er zu schnell wird, wird er unbequem. Ein langsamer Sprecher dagegen drückt Überzeugung, Nachdenken und Aufrichtigkeit aus; wenn er
allerdings zu langsam wird, wirkt er eher gleichgültig.
Unser erster Eindruck eines Menschen ist sehr davon beeinflußt, wie diese Person spricht, wie schnell und in welchem Rhythmus. Einer der Hauptfehler, die Präsident
Carter beim Sprechen machte, waren seine Pausen. Es war
weniger die Länge der Pausen, sondern der falsche Zeitpunkt, zu dem er sie machte. Dadurch wurden Verwir-
rung und Unsicherheit signalisiert, beides Eigenschaften,
die wir bei einer Führerpersönlichkeit nicht schätzen.

Ein *Zögern*, das bei einem Menschen in einer öffentlichen Funktion Unsicherheit und schlechte Organisation

auszudrücken scheint, kann in einer persönlichen Beziehung eine gewisse Verletzlichkeit andeuten. Und mit der richtigen Person zur richtigen Zeit kann gerade das das Entscheidende sein, um die Beziehung weiterzubringen.

Eine Frau berichtete uns, daß sie sich an dem Tag in ihren Mann verliebte, an dem er ihr gestand, daß er hoffnungslos verschuldet sei und einfach nicht weiter wüßte.

Zögern – ein Zeichen für Sensibilität

«Es war die Unsicherheit in seiner Stimme, die Pausen an den falschen Stellen, wodurch ich schließlich eine andere Seite von ihm kennenlernte, seine Schwäche, die Unfähigkeit, mit einer bestimmten Situation fertig zu werden. Man könnte denken, das habe mich vielleicht ernüchtert, aber irgendwie wurde er dadurch anziehender und menschlicher. Davor war er immer wie ein Fels in der Brandung gewesen, der mit jedem Problem fertig wurde, und das schüchterte mich ein bißchen ein. Wie ich ihn jetzt so vollkommen durcheinander sah, da sprang der Funke erst richtig über.»

Ein weiteres, wichtiges Element der Sprache ist der

Die richtige Betonung

Rhythmus, die Betonung, mit der wir sprechen. Wenn wir jemanden treffen, dann fragen wir im allgemeinen: «Und wie geht es Ihnen?» Wir betonen dabei das «geht». Wenn wir das «es» betonten, würde es nicht viel Sinn geben. Aber wenn wir das «Ihnen» betonen, dann wird der Gruß viel persönlicher, und der Mensch, den wir angesprochen haben, wird aufmerksam.

Der Rhythmus der Sprache, die Betonung, die Schnelligkeit und die Pausen, sagen uns etwas über den Sprecher. Wenn der Rhythmus stimmt, dann haben wir von Anfang an einen angenehmen Eindruck, und die Möglichkeit, daß sich aus dieser Begegnung etwas entwickelt, ist größer.

Tonlage und *Timbre* einer Stimme sind für den Zuhörer ebenfalls von großer Bedeutung. Wir erwähnten in unserer Geschichte von Julie London, daß eine dunkle Frauenstimme sich sexy anhören kann. Wie wir die Stimme zum Klingen bringen, ist ebenso wichtig. Frauen

Kopfstimme und Bruststimme

sprechen meistens über den Kopf, während Männer im allgemeinen vom Brustkasten her sprechen und damit eine tiefere, stärkere Stimme haben. Die Metakommunikation, die wir empfangen, ist: eine tiefere, vibrierende Stimme bedeutet Autorität und Männlichkeit.

«Das erste, was mir bei Evans auffiel, war seine Stimme», berichtete uns eine junge Frau. «Sie war tief und voll, richtig männlich und sprach mich irgendwie sehr an. Sein Freund Paul dagegen fiel mir kaum auf. Paul hatte eine dieser näselnden Stimmen, die einem auf die Nerven gehen.» *Tief und voll*

Hell und näselnd

Unglücklicherweise traf diese junge Frau eine schlechte Wahl. Die volle Tiefe von Evans Stimme gab den Eindruck von Stärke. Aber in Wirklichkeit war er ein gefühlsmäßig oberflächlicher Mensch, verwöhnt und unfähig, sich auf längere Zeit zu binden. «Es tut mir leid, daß ich Paul so links liegengelassen habe», gestand unsere Bekannte. «Jetzt, wo ich sie beide kenne, kommt es mir vor, daß er weitaus männlicher ist als Evans.» Wenn Paul nur gelernt hätte, wie man anders spricht, wie er mehr vom Brustkasten her seine Stimme tönen lassen kann ...! *Aber Vorsicht!*

Zusätzlich zu den Elementen, aus denen eine Stimme besteht, wie emotionelle Betonung, Timbre, Geschwindigkeit, Atmen und Rhythmus, kommt noch die *Lautstärke*. *Die Lautstärke*

Ellen sprach leise. Sie hatte eine angenehme Stimme, und man konnte sie eigentlich immer verstehen, aber sie sprach leise und dabei mit einer gewissen Intensität. «Eins, was mir bei Ellen so angenehm auffiel, war ihre leise Stimme», erzählte uns John. «Ich komme aus einer Familie von Stimmgewaltigen. Meine Mutter schreit, mein Vater schreit, meine Schwester Marie schreit, und ich merke, daß ich genauso laut töne. Es war ein echter Schock, als ich Ellen kennenlernte. Es fiel mir auf, daß wir zu Hause soviel herumschrien, daß wir einander gar nicht zuhören konnten. Wenn Ellen sprach, dann hörte ich zu, nur weil sie so leise sprach. Das erregte meine Aufmerksamkeit.» Er dachte eine Weile nach und sagte dann: «Es ist komisch mit Ellen. Es ist nicht nur, daß ich ihr zuhöre, aber ich weiß auch, daß sie mir zuhört. Sie scheint sich auf das zu konzentrieren, was ich sage. Sie schaut mir in die *Leise und eindringlich*

Augen, ihre ganze Körperhaltung zeigt Offenheit und Interesse. Und dann ihre Art zu sprechen, sie klingt so nachdenklich, daß ich das Gefühl bekomme, daß sie wirklich wissen möchte, was ich zu sagen habe. Sie können sich nicht vorstellen, wie wichtig das für mich bei meiner Familie ist.»

Interesse signalisieren

Der Klang des Namens

Noch ein anderes Element ist wichtig, wenn wir uns mit unseren Stimmen beschäftigen und mit den Signalen, die sie aussenden. Bisher haben wir nur über die Stimme gesprochen, die die Worte trägt, aber wir müssen uns die Worte selbst auch einmal genauer ansehen. Die Worte, die wir wählen, haben außer ihrer ganz offensichtlichen noch eine andere Bedeutung. *Unkompliziertheit* und *Schmucklosigkeit* sind in ihrer Bedeutung eng miteinander verwandt, doch klingt der erste Ausdruck positiver als der zweite. Wenn wir einen Mann *ausdauernd* nennen, dann loben wir ihn. Bezeichnen wir ihn dagegen als *stur*, dann tadeln wir ihn. Wenn eine Frau *sorgfältig* auswählt, dann bewundern wir sie; wenn sie an allem etwas *auszusetzen* hat, dann geht sie uns auf die Nerven. Ein *empfindsamer* Mensch ist angenehmer als ein *empfindlicher*, und doch beschreiben beide Worte eine ähnliche Charaktereigenschaft.

Die Wortwahl

«Ich glaube, ich habe mich bei einem Gemeindeabend in Claire verliebt», erzählte uns Lenny. «Ich bin groß und sehr dünn, und mein Leben lang hat man mich nur Bohnenstange genannt. Dann bei diesem Gemeindefest stand ich an der Wand und sah den Tanzenden zu, als plötzlich dieses Mädchen auf mich zukommt und mich mit ‹Hallo, schlanker Fremder› anspricht. Verdammt, mir stieg das Herz in die Kehle. Was für eine tolle Anrede, ich sah mich direkt als einsamen Held auf weiter Prärie! Ich bat sie um einen Tanz, und wir sind seitdem zusammen.»

Spitznamen haben ihre eigene Metabedeutung, aber

Metabedeutung

auch normale Namen signalisieren etwas. Christopher P. Andersen hat in seinem Buch «Das Namenspiel» Hunderte von Namen auf den Eindruck hin untersucht, den sie auf Leute machen. Er fand heraus, daß man mit einem bestimmten Namen häufig eine bestimmte Persönlichkeit verbindet. Lana klingt für uns verführerisch, Dottie dagegen fröhlich, Georg ist immer erfolgreich und Kermit unbeliebt.

Namen – nur Schall und Rauch?

Natürlich stammt dieses Buch aus einer Zeit, als Kermit der Frosch von den Muppets noch eine Kultfigur war, und Kermit ist vielleicht auch als Name jetzt recht beliebt. Die Beliebtheit von Namen ändert sich, und was gestern noch furchtbar klang, ist heute vielleicht ausgesprochen schick. Wenn man sich die heutigen Liebesromane ansieht, so heißen die Männer alle Alexander, Robert, Achim, Mark und Gunter, Namen, die nach der Meinung der Autoren besonders männlich klingen.

Der Mode unterworfen

Ein neuer Name kann einen Menschen romantischer, begehrenswerter und geheimnisvoller erscheinen lassen. Hollywood war sich dessen in den dreißiger und vierziger Jahren sehr bewußt, und wenn die Produzenten wollten, daß ihr Star eine besondere Wirkung auf die Zuschauer ausübte, dann wurde der Name dementsprechend verändert. Aus Frances Gumm wurde Judy Garland. Gumm klang einfach nicht nach dem jungen, frischen Ding, was sie darstellen sollte. Aus Doris von Kappelhoff wurde Doris Day. Archibald Leach wurde in Cary Grant umgetauft, Anna Italiano nannte sich Anne Bancroft und Lucille le Sueur war einfach zu exotisch und wurde zu Joan Crawford; Roy Scherer wiederum klang zu unamerikanisch und wurde zu Rock Hudson. Das ist heute anders; das Publikum ist weltoffener, und die Filme sind häufig realistischer. Also brauchen auch Al Pacino, Robert De Niro, George Segal und Richard Dreyfuss keine künstlichen Namen, um berühmt zu werden.

Doris Day und Cary Grant

Pheromon und Phantasie

Liebesduft

Eines Tages fragte Alan: «Habe ich euch jemals erzählt, daß ich neulich beinahe vergewaltigt worden wäre?»

Wir waren platt. «Du machst doch wohl nur Spaß?»

«Nein, es ist mir ganz ernst. Doch keine Sorge, es waren nur Nachtschmetterlinge. Wir hatten eine Invasion von Schwammspinnern bei uns in Connecticut, und ich hatte *Sexualduftstoffe* Fallen gekauft, Plastikkäfige mit einem sexuellen Duftstoff darin. Durch diesen Stoff werden die Nachtfalter in die Falle gelockt und dann durch eine giftige Flüssigkeit im Käfig getötet. Eines späten Nachmittags hatte ich die Streifen mit dem Köderstoff in den Käfigen befestigt und diese dann in die Apfelbäume hinter unserem Haus gehängt. Dann ging ich durch die Dämmerung zum Haus zurück. In dem Moment war mir nicht klar, daß ich diese Streifen angefaßt hatte und der Wirkstoff an meinen Händen war. Plötzlich war die Dämmerung um mich herum voll von dem Geflatter der bleichen Schwammspinner; ihre weißen Flügel berührten mich, als sie mich wie eine Wolke umgaben. Anfangs fand ich das hübsch; in der Dämmerung schienen ihre weißen, durchbrochenen Formen geisterhaft, irgendwie traurig und einsam, aber dann merkte ich, daß sie es auch auf mein Gesicht abgesehen hatten. Ich mußte mir auch die Nase gerieben haben, und nun versuch-*Vergewaltigt von* ten sie, mir die Nase zu verstopfen. Ich geriet in Panik, und *Schmetterlingen* was mir bisher so hübsch vorgekommen war, erschien mir plötzlich als tödliches Spiel. Ich schlug mir gegen Kopf und Körper und versuchte sie fortzuwischen. Vielleicht waren es gar nicht so viele, aber sie schienen übermächtig und lähmten mich. Als ich schließlich im Haus war und meine Frau mir dabei half, auch noch die letzten von mir abzulesen, zitterte ich am ganzen Leib.» Er schüttelte den Kopf. «Glaubt mir, das war ein sexueller Überfall.»

Bei dem Wirkstoff, von dem uns Alan erzählt hatte, handelt es sich um den neuesten Versuch, die Plage der Schwammspinner in den Griff zu bekommen. Es ist künstlich hergestelltes Pheromon, ein Duftstoff, der von den weiblichen Schwammspinnern hergestellt wird und auf die Männchen unwiderstehlich wirkt. Sie fliegen darauf zu, als ob es ein sexuelles Signalfeuer sei, ihre kleinen Fühler zittern. Sie haben keine Wahl. Diese Insekten sind so gebaut, daß sie der Lockung des Pheromons nicht widerstehen können, und die kleinste, beinahe mikroskopische Menge macht sich über viele Kilometer hinweg bemerkbar, ein ununterdrückbares chemisches Signal.

Unwiderstehliche Anziehung

Das Wort Pheromon kommt aus dem Griechischen und wurde 1959 von deutschen Wissenschaftlern geprägt, um diesen starken Wirkstoff zu beschreiben. Es heißt wörtlich «Erregungs-Übertragung», und genau das passiert auch. Schon im frühen 19. Jahrhundert entdeckte der große französische Naturalist Jean-Henri Fabre sexuelle Köderstoffe an Insekten, aber er beschrieb nur ihre Wirkungsweisen, ohne sie genauer zu untersuchen.

In den dreißiger Jahren wurden genaue Untersuchungen dieser starken Geruchssignale durchgeführt, um festzustellen, ob man über sie eine gewisse Kontrolle über die Insektenpopulationen haben könnte. Da es außerordentlich schwierig war, die natürlich vorkommenden Wirkstoffe zu gewinnen, lernte man, sie künstlich herzustellen.

Nicht nur Nachtschmetterlinge, sondern auch Ameisen, Schaben, Käfer, Tagschmetterlinge und viele andere Insektenarten zeigen ihre Bereitschaft zur Kopulation durch einen Geruchsstoff an. Wenn das weibliche Insekt sexuell bereit ist, dann zeigt es das über spezielle Pheromone an, die die Männchen über ihre Fühler empfangen und durch die sie häufig über viele Kilometer angelockt werden. Hier handelt es sich um sexuelle Chemie im wahrsten Sinne des Wortes.

Bereitschaft zur Kopulation

Aus dem Reich der Tiere

*Duftsignale die-
nen der Verstän-
digung*

Dieser unwiderstehliche Duft, der die Männchen, in manchen Fällen auch die Weibchen, sexuell erregt, ist nicht auf
das Reich der Insekten beschränkt. Wirbeltiere, vom
Fisch bis zum Hund, benutzen auch Duftsignale, um ein
Territorium zu markieren, um Alarmsignale zu geben, um
zu warnen, um Angriffslust zu zeigen und Partner anzulocken. Mäuse verwenden ihren Urin für das sexuelle Signalisieren. Wenn eine männliche Labormaus ein paar
Tropfen auf den Boden ihres Käfigs ausscheidet, wird jede
weibliche Maus, die sich in einem anderen Käfig in der
Nähe befindet, kopulationsbereit werden. Das signalisie-
rende Pheromon ist im Urin, und die männliche Maus
kann so die Fortpflanzungsbereitschaft der Weibchen
beeinflussen.

Säugetiere

Viele andere Tiere haben dieses System der sexuellen
Geruchsstoffe, und Pheromone wirken in beide Richtun-
gen. Bei Mäusen bereiten sie das Weibchen auf die Kopulation vor; bei Hamstern befinden sich die Pheromone in
den vaginalen Ausscheidungen und regen die Männchen
an. Katzen, Kaninchen, Schafe, Ziegen, Rehe und Hunde
haben alle verschiedene Systeme, um Signale über den Geruchssinn zu senden. Alle werden sie auf die eine oder andere Weise von artspezifischen Pheromonen angeregt.

Diese sexuelle Reaktion auf bestimmte Gerüche ist so
weit verbreitet, daß Landwirte häufig ein Spray verwenden, was künstlich hergestellte Pheromone enthält, um
ihre Säue auf die künstliche Befruchtung vorzubereiten.
Wenn dieses Spray dort versprüht wird, wo es die Sau riechen kann, dann wird sie sofort eine starre Haltung ein-
nehmen, die es einem sexuell erregten Eber ermöglichen
würde, sie zu besteigen. Dieselbe Haltung macht auch die
künstliche Befruchtung einfacher.

Primaten

Wenn wir aber die Entwicklungsleiter der Tierwelt weiter hinaufsteigen, werden Pheromone weniger wichtig,
wenn sie auch nach wie vor noch einen Einfluß haben. Bei
den Primaten wehrt sich das weiterentwickelte Gehirn gegen das rein automatische Verhalten, was durch die Phero-

mone hervorgerufen wird. Dr. Richard P. Michaels, ein britischer Psychiater, hat die Geruchswahrnehmung bei Rhesusaffen untersucht und ist zu dem Schluß gekommen, daß Vaginalgerüche eine wichtige Rolle bei der sexuellen Aktivität der Affen spielen.

Affen

Dr. Michaels und seine Mitarbeiter fanden heraus, daß ungefähr in der Mitte des weiblichen Zyklus eine Substanz über die Vagina ausgeschieden wurde, nämlich dann, wenn das Affenweibchen kopulationsbereit war, und daß diese Substanz die Männchen sexuell erregte. Sie nannten diesen Stoff Kopulin und folgerten, daß es sich hier um ein Pheromon handelt, das die männlichen Affen sexuell aktiv machte, wenn die Weibchen besonders fruchtbar waren.

Aber sind die gleichen oder ähnliche Pheromone auch bei Menschen vorhanden? Diese Frage ist schon jahrelang wissenschaftlich untersucht worden, ohne daß man eine klare Antwort gefunden hat. Das Beweismaterial scheint jedoch dahin zu deuten, daß sie vorhanden sind und auch Einfluß haben.

Reagieren auch die Menschen auf körpereigene Duftstoffe

Ein Freund von uns, Autor von Zukunftsromanen, erzählte uns in groben Umrissen von seinem nächsten Roman, bei dem Pheromone eine Rolle spielen sollten. «Es handelt sich da um einen Menschen aus der heutigen Zeit, der mit einer Zeitmaschine ins Mittelalter reist und dort als erstes von den Körpergerüchen der Menschen überwältigt wird; damals wusch man sich kaum. Zu Anfang findet er das einfach entsetzlich, aber nach einer Weile fängt er an, sich daran zu gewöhnen, und dann findet er es sogar ganz angenehm und reagiert positiv darauf. Meine Theorie ist, daß ungewaschene Menschen starke Körpergerüche aussenden, die nicht nur sexuell stimulierend wirken, sondern auch Einfluß auf Freundschaftsbeziehungen, auf Aggressionen und sogar Haßgefühle haben. Manche Menschen mußt du einfach ihres Geruches wegen hassen, in andere verliebst du dich.»

Sympathie und Antipathie

Unser Freund hat diese Geschichte nie geschrieben, aber in seiner Erzählung liegt vielleicht die Antwort für die Diskussion über menschliche Pheromone. In der heutigen westlichen Kultur, zumindest in Amerika, waschen wir jede Spur eines körperlichen Geruches fort und benutzen außerdem noch Deodorants.

Vor ein paar Jahren wurde von einer Seifenfirma eine außerordentlich wirksame Reklamekampagne gestartet; Körpergeruch war das schlimmste, was einem in einer gesellschaftlichen Situation passieren konnte! Also, wasch bloß alles mit unserer Seife weg! Aber unsere Gesellschaft, wo man über Werbung ja beinahe alles verkaufen kann, stellte nun fest, daß bestimmte Parfums eine besonders starke sexuelle Anziehungskraft ausübten, wenn man ihnen ein paar Tropfen natürlicher Tierpheromone beimischte, zum Beispiel Moschus vom Moschustier, Zibet von der Zibetkatze und das Bibergeil vom Biber. Dieselbe Industrie, die uns erst dazu überredete, jede Spur eines menschlichen Pheromons von unserer Haut zu tilgen, beschwor uns jetzt, ein Parfum oder Toilettenwasser zu verwenden, was tierische Pheromone enthielt.

Parfums mit sexuell stimulierender Wirkung

Die menschlichen Duftnoten

Aber selbst dann, wenn wir uns regelmäßig waschen und parfümieren, die natürlichen Körpergerüche dringen häufig doch durch – und haben eine Wirkung! Sara berichtete uns, daß sie sich beim Tanzen verliebte. «Wir waren die ganze Nacht in der Diskothek gewesen, Marty, ein neuer Bekannter, und ich, hatten viel getanzt. Ich glaube, während der ersten zwei Stunden haben wir uns überhaupt nicht berührt, jeder tanzte für sich allein, und dann, sozusagen als Witz, wurde ein alter, langsamer Schlager aufgelegt: Dancing in the Dark. Marty meinte: Komm, laß uns mal ein bißchen Wange an Wange tanzen. Wir hatten beide geschwitzt, und Wange an Wange war nicht unbedingt möglich. Marty ist dafür zu groß. Meine Nase reichte gerade an seine Achselhöhlen heran – und das ist der springende Punkt. Während wir eng tanzten, konnte ich plötzlich Marty riechen. Ich weiß, das klingt schrecklich, aber

Körpergeruch als Stimulans

ich fand das unglaublich sexy. Wie kann ich diesen Geruch beschreiben? Etwas nach Moschus, weich und warm und so unglaublich männlich!»

Unglaublich männlich

Diese Beschreibung machte uns neugierig, und wir lasen nach, ob sich der Geruch des Achselschweißes von dem übrigen Körpergeruch unterscheidet. Wir waren nicht sehr überrascht, daß dem so war. Außer den normalen Eccrindrüsen, die den geruchlosen Schweiß absondern, gibt es in den Achselhöhlen noch Apocrindrüsen, die im allgemeinen da vorkommen, wo Haar wächst. Diese Drüsen scheiden einen Hauttalg aus, der sich auf den Haaren verteilt. Die Haare vergrößern die Verdunstungsfläche, und die Hautbakterien zersetzen diesen Hauttalg in eine Substanz, die diesen Moschusgeruch ausströmt.

Geruchsdrüsen

Auch andere Körpergegenden haben diese Art von Drüsen wie das Skrotum, die Peniswurzel und die Haut um die Scheide. Die Haut um die Brustwarzen bei Männern und Frauen enthält apocrine Drüsen. Die Vorhaut des Penis und die Falten um die Klitoris sondern Sekrete mit einem starken Geruch ab, aber diese Körperteile, die Brüste, die Gegend um Anus und Genitalien sind im allgemeinen von Kleidung bedeckt. Die Achselhöhlen dagegen sind nicht so sorgfältig bedeckt, sondern besonders viel Feuchtigkeit ab, und so verstärkt sich der Moschusgeruch.

In weniger «deodorierten» Kulturen als unserer ist die sexuelle Wirkung des Achselhöhlengeruchs wohlbekannt. In Griechenland und einigen Balkanländern tragen die Männer beim Volkstanz Taschentücher in den Achselhöhlen, und während des Tanzes werden diese Tücher dann den Frauen angeboten, um sie als Partnerinnen zu gewinnen.

Der Psychiater Richard von Krafft-Ebing (1840–1902) hat einige schockierende Untersuchungen von der sexuellen Pathologie im Viktorianischen Zeitalter durchgeführt und berichtet von einem Mann, der immer ein Taschentuch in seiner Leistengegend trug und damit dann Frauen verführte. Wenn er ihnen das Tuch erst vors Ge-

Selbst unter Queen Victoria...

sicht hielt, dann konnten sie ihm einfach nicht widerstehen – oder vielleicht waren sie nur von dem starken Geruch wie betäubt? Unsere moderne Kultur schüttelt sich bei dem Gedanken daran. «Wie abscheulich obszön», sagen wir, allerdings mit einem faszinierten Schaudern.

Der Taschentuchtrick
Vielleicht wußte die junge Dame aus der Viktorianischen Zeit, die ihr Taschentuch fallen ließ, um einen interessierten Galan anzulocken, um diesen sexuell erregenden Duft der Drüsen, denn häufig bewahrte sie ihr Tüchlein ja am Körper auf.

Es gibt schließlich gute Gründe, warum der Körpergeruch eine sexuelle Wirkung haben sollte. In einem früheren Abschnitt dieses Buches sprachen wir von der limbischen Hirngegend und wie sie von dem Noradrenalin beeinflußt werden kann, das der Körper herstellt. Bei primitiven Tieren ist ein großer Teil des Gehirns, das Vorhirn, nur für den Geruchssinn da. Unsere eigene cerebrale Cortex hat sich aus diesem Hirnteil entwickelt. Das limbische System des Gehirns hat sich, evolutionär betrachtet, aus dem primitiven Vorhirn entwickelt, dem Hirnteil, der auf Pheromone anspricht.

Beim Menschen ist das limbische System für lustvolle Empfindungen zuständig, es reguliert Geschlechtstrieb und Fortpflanzungszyklus. Einige Nerven führen vom Geruchszentrum in der Nase in das limbische System, um das emotionelle und sexuelle Zentrum zu stimulieren, wenn der richtige Geruch wahrgenommen wird. Da in diesem Zentrum auch das Noradrenalin zur Wirkung kommt, ist nur logisch, daß eine enge Verbindung zwischen Geruch und sexueller Anziehung bestehen muß.

«... das erinnert mich an ...»

Das Gedächtnis des Geruchssinns
Der menschliche Geruchssinn ist unauflösbar mit Vergangenem verbunden. Man hat immer mehr Beweise dafür, daß wir viel länger erinnern, was wir riechen als was wir sehen oder hören. Professor Trygg Engen der Brown-

Universität hat Untersuchungen durchgeführt, die darauf
deuten, daß diese Ausdauer der Erinnerung damit zusammenhängt, «daß ein besonderer Teil des Gehirns nur dafür
vorgesehen ist, die Geruchseindrücke zu verarbeiten»,
und er behauptet, daß Noradrenalin etwas mit der Wahr-
nehmung von Gerüchen zu tun hat.

*Geruchsein-
drücke bleiben
haften*

Eine solche Verbindung bringt aber auch Geruch und
Gefühl und sexuelle Anziehung in Beziehung. Peter berichtet: «Ich verliebte mich in meine Frau, als ich sie das
erste Mal ausführte, und ich kann mich noch an den ge-
nauen Moment erinnern. Ich holte sie vor ihrem Haus ab
und öffnete die Autotür für sie. Als ich mich dann selbst
hinter das Steuer setzte, war ich plötzlich von ihrem Par-
füm überwältigt. Es war ein schwerer, vanilleähnlicher
Duft, und ich durchlebte einen dieser faszinierenden Au-
genblicke, wo ich sehr sinnlich empfand. Ich wurde an
den letzten Besuch bei meiner Tante erinnert, einer Frau,
die ich innig liebte. Sie benutzte immer das gleiche Par-
füm, und als ich diesen Duft roch, wurde sie mir wieder
ganz gegenwärtig. Meine Tante war mir immer sehr weiblich vorgekommen, verführerisch, reizend und anmutig,
eine vollkommene Frau. Und jetzt hier im Auto erinnerte
mich meine neue Bekannte an all diese Eigenschaften. Was
kann ich da noch sagen? Ich verliebte mich in sie.»

*Erinnerungen an
schöne Lebenssi-
tuationen*

Eine junge Frau erzählte uns eine ähnliche Erfahrung
mit ihrem Freund. «Als er mich das erste Mal küßte, nahm
ich den Duft eines bestimmten Rasierwassers auf seiner
Haut wahr. Der Geruch war so stark und durchdringend
und so ungewöhnlich. Sehr wenige Männer verwenden
dieses Rasierwasser, darunter mein Vater. Jedesmal wenn
er mich hochhob, hatte ich diesen scharfen Geruch wahrgenommen. Jetzt wurden viele schöne Erinnerungen in
mir wach, und ich erwiderte seinen Kuß wohl mit mehr
Leidenschaft, als ich vorgehabt hatte!»

*Stark und liebe-
voll – wie mein
Vater*

Diese beiden Beispiele sind keine Einzelfälle. Jeder von
uns macht irgendwann einmal diese sinnliche Erfahrung,
erlebt diesen Augenblick einer wirklich angenehmen
Erinnerung, die durch einen bestimmten Geruch ausgelöst wurde. Wenn diese Reaktion gerade dann stattfindet,

wenn wir jemand Neuen kennenlernen, dann ist dadurch schon gleich eine bestimmte Vertrautheit hergestellt.

Dr. William S. Cain, ein Mitarbeiter der John B. Pierce-Laboratorien und Professor an der Yale-Universität, glaubt, daß diese sinnliche Reaktion von den Geruchsneuronen ausgelöst wird, die Signale an die Geruchsbulbs senden, die sich als Lappen am unteren Ende des Gehirns befinden. Von dort werden die Signale dann an die Hirnteile weitergeleitet, die für gefühlsmäßige Reaktionen verantwortlich sind.

Sinnliche Reaktion durch Geruchsneuroner.

Unsere Zivilisation hat uns gelehrt, daß Körpergerüche störend sind; folglich versuchen wir, sie restlos zu entfernen. Aber da die Werbungsbranche weiß, was für eine wichtige Rolle der Duft bei der sexuellen Anziehung spielt, bringt man uns dazu, daß wir die natürlichen Körpergerüche durch künstliche Düfte ersetzen.

Künstliche Düfte statt natürlichem Körpergeruch

Daß diese künstlichen Gerüche eine Wirkung haben, liegt weniger an der Zusammensetzung des Parfums als an der Funktionsweise unseres ganzen Geruchssystems. Wir reagieren auf Geruch, und diese Reaktion hat eine Verbindung zum Gefühl. Wenn man uns versichert, daß der eine Geruch sexy ist, wie es meistens von Parfums behauptet wird, dann reagieren wir auch auf eine sexuelle Weise. Wenn man uns beibringt, der andere Geruch sei unangenehm, wie man es von Körpergerüchen behauptet, dann reagieren wir mit Abscheu. Daß das keine allgemein menschliche Reaktion, sondern kulturell bedingt ist, wird dadurch deutlich, daß andere Gesellschaften auf Körpergeruch positiv reagieren, und auch wir lassen uns unbewußt beeinflussen. Ohne daß wir recht wissen warum, sind wir von jemandem wegen seines kaum wahrnehmbaren Geruches angezogen.

Kulturelle Unterschiede

Die beiden Sexualwissenschaftler William H. Masters und Virginia E. Johnson wissen, daß eine sexuelle Anziehung möglicherweise über Gerüche ausgelöst wird. In ihrem Buch «Human Sexual Inadequacy» betonen sie die Verwendung von Gerüchen in ihrer Sexklinik. Düfte wurden in einer Feuchtigkeitslotion verwendet, die Paare mit sexuellen Schwierigkeiten für die gegenseitigen Massagen

Düfte gegen Impotenz?

benutzen. Die Massage selbst war eine ausführliche Berührungserfahrung und half dabei, die sexuellen Hindernisse in der Beziehung zu überwinden. Einer der Hauptvorteile, den diese verschiedenen Düfte hatten, war «die Stimulierung eines anderen Sinnesorgans». Viele Paare maßen den Düften irgendwie eine erotische Bedeutung bei.

Ihre Schlußfolgerung nach einer ersten Untersuchung über die Verwendung von verschiedenen Düften war, daß der Geruchssinn eine große Rolle bei der Behandlung von sexuellen Schwierigkeiten spielt. Die Patienten konnten müheloser reagieren; da aber die verschiedenen Parfums der Lotionen immer nur «Beiwerk» zu den eigentlichen Massagen waren, können wir die Bedeutung der Berührung bei der Behandlung nicht ausklammern. Die Verbindung von bestimmtem Duft und Massage ist eine berauschende Erfahrung. Wenn das Geruchszentrum angeregt wird und gleichzeitig eine erotische Stimulation durch die Berührung stattfindet, können Gerüche eine emotionelle Reaktion hervorrufen, können tatsächlich einen Menschen bis zu einem gewissen Grad lockern und es ermöglichen, daß sich ein natürliches sexuelles Interesse entwickelt.

Die Bedeutung des Geruchssinns bei der Behandlung von sexuellen Schwierigkeiten

Masseure kennen im allgemeinen diese sinnliche Wirkung, und um sie zu vermeiden, verwenden sie nur geruchlose Öle bei der Massage. «Duftende Öle wirken auf meine Klienten erregend, egal, ob es sich um Männer oder um Frauen handelt», sagte uns ein Berufsmasseur. «Und das will ich nicht. Ich benutze nur leicht erwärmtes Mineralöl und erlaube keinerlei Düfte in meinem Salon.»

Merkwürdige Auslöser und Hindernisse

Liebe und Amphetamine

«Habt Ihr gewußt, daß ich mal nach Aufputschmitteln süchtig war und mich in diesem Zustand prompt in jedes Mädchen verliebte, das ich kennenlernte?» fragte uns Ken.

Kens Geschichte

Wir konnten das kaum glauben. Ken sieht wie ein typischer, erfolgreicher Geschäftsmann aus, er ist beinahe fünfzig, verheiratet und hat zwei erwachsene Kinder. Er arbeitet als leitender Angestellter in einer großen Werbeagentur in New York und gilt als guter Staatsbürger. Ken süchtig nach Aufputschmitteln? Unmöglich!

Amphetamine als Wunderdroge

Er erklärte es uns: «Wir haben es damals nicht so genannt. Es war 1956, ich war jung und hatte meine erste Stelle als Texter für eine große pharmazeutische Firma in Philadelphia, die auch ein Amphetaminprodukt herstellte. In jenen Tagen hatten die Amphetamine ihren Durchbruch in der Pharmazie, und wir bildeten uns ein, sie wären absolut harmlos. Da man für die Firma arbeitete, war es ziemlich leicht, soviel zu bekommen, wie man wollte, und ich nahm sie ständig, um wach zu bleiben, wenn ich zu Hause noch einen Auftrag fertig machen mußte und um bei Nachtfahrten reaktionsfähig zu bleiben; und wenn ich eine Nacht durchgemacht hatte, dann halfen sie mir, am nächsten Morgen munter und aufmerksam bei der Arbeit zu erscheinen. Für uns alle war es ein Wundermittel, und wir hatten keine Ahnung, daß wir davon abhängig werden würden. Ich werde den bösen Teil

Suchtabhängig

der Geschichte nicht weiter ausführen, wie ich nämlich schließlich mitbekam, was da passierte, und dann von der Sucht loskam. Das war ganz furchtbar. Aber was ich betonen möchte und was Sie beide vielleicht interessieren könnte, ist folgendes: in den zwei Jahren, in denen ich von

Amphetaminen abhängig war, war ich wahrscheinlich *Dauernd verliebt*
hundertmal verliebt.» – «Sie übertreiben.»

«Nein, ganz ehrlich nicht. Diese Droge hatte eine ganz
besondere Wirkung auf mich. Auf irgendeine Weise
wurde die erotische Seite meines Charakters besonders
angesprochen, und ich verknallte mich Hals über Kopf in
beinahe jedes Mädchen, das mir begegnete. Es war diese
starke sexuelle Anziehungskraft, von der Sie sprechen,
aber wieder und wieder und wieder. Ich stand zum Beispiel unter dem Einfluß von diesem Zeug, wenn ich ein
Mädchen bei einer Party oder einem Tanz kennenlernte,
und schon war ich ganz weg von ihr. Wenn ich dann am *Jedes Mädchen*
nächsten Tag auf den Boden der Realität zurückkam, *war sexy*
konnte ich mir nicht vorstellen, was ich denn an ihr so
beeindruckend gefunden hatte.»

Wir dachten erst, daß Ken wegen seiner Jugend und seiner starken Libido an jedem Mädchen etwas Besonderes
fand; als wir uns aber näher mit der Literatur über chemische Vorgänge bei sexueller Anziehung beschäftigten,
stellten wir fest, daß da mehr als jugendliches Feuer im
Spiel war. Das Sich-Verlieben, dieses erste aufregende
«Erglühen», das deine gesamte Lebenseinstellung verändert, diese Attraktion einer anderen Person, gegen die
man nicht ankommt, hat damit zu tun, daß das Gehirn *Chemische Sti-*
von einer chemischen Substanz stimuliert wird. *mulierung des*
Sexualzentrums

Bei dieser Substanz, die vom Körper hergestellt wird,
handelt es sich wahrscheinlich, so meinen die Wissenschaftler, um Phenyläthylamin, dessen Wirkungsweise
der von Amphetaminen sehr ähnlich ist. Phenyläthylamin, Noradrenalin und Dopamin spielen alle eine ähnliche Rolle.

Sie bewirken, daß unser Herz schneller schlägt. Sie verstärken unsere Energie und sorgen dafür, daß wir uns *Ständig «high»*
wohler fühlen. Wir werden optimistischer, mögen uns
selbst lieber leiden und werden so gestimmt, daß wir uns
leichter verlieben. Was unter normalen Bedingungen als
völlig nebensächlich eingestuft wird, kann uns liebes-
krank machen, wenn wir unter dem Einfluß dieser Chemikalien oder anderer Aufputschmittel stehen. Unser

Freund Ken, von Amphetaminen beeinflußt, war bei jedem Zusammentreffen mit einer Frau williges Opfer.

Konstante se-
xuelle Energie

Was Ken durchmachte, wenn er sich unter dem Einfluß von Amphetaminen befand, diese konstante sexuelle Energie, die sich auf jedes Mädchen richtete, das er kennenlernte, kommt uns vielleicht komisch vor, aber es bestätigt eine Theorie über das Gefühl, die Dr. Stanley Schachter in einem Artikel aufstellte, der den Titel trägt: «Die Wechselwirkung von kognitiven und physiologischen Determinanten auf die Gefühlslage». Das ist ein komplizierter Titel für eine faszinierende Theorie. Schachter glaubt, daß Emotionen in zwei Schritten ablaufen. Zuerst wird der Körper physiologisch erregt, entweder durch Hormone, durch Schock, Drogen oder sogar

Erregung wird zu
Haß, Furcht oder
Liebe

sportliche Betätigung. Dann ordnen wir diese Erregung unserer Umgebung zu, der Situation, in der wir uns zu der Zeit befinden. Wenn diese Erregung stattfindet, während wir uns gerade einen Gruselfilm ansehen, dann nennen wir dieses Gefühl Furcht. Wenn wir erregt sind und gerade mit einem attraktiven Menschen des anderen Geschlechts zusammen, dann nennen wir das Gefühl Liebe.

Wenn ein junger Mann zum Beispiel sich bei einem sehr anstrengenden Tanz erhitzt hat und eine attraktive junge Frau zur Partnerin hat, dann wird wahrscheinlich der Funke überspringen. Wenn beide romantisch sind, werden sie dieses Gefühl Liebe nennen; wenn sie eher zum Zynismus neigen, ist es für sie sexuelle Anziehung. Wenn bei dieser ersten Begegnung irgend etwas schiefläuft, dann kann im Erregungszustand die Attraktion leicht zu Abneigung, ja sogar zu Haß werden. Wichtig ist, daß beide Menschen irgendwie erregt sind, und dieser Zustand muß einem bestimmten Gefühl zugeordnet werden, ob es nun Liebe oder Haß, Scham oder Furcht ist.

Vier Versuchs-
gruppen

Im «Journal of Personality and Social Psychology» wurde ein faszinierendes Experiment beschrieben, das von drei Wissenschaftler, Dr. G. L. White, Dr. S. Fishbein und Dr. I. Rutstein, durchgeführt wurde. Sie teilten eine Anzahl von Männern in vier Gruppen auf. Eine Gruppe mußte einem langen langweiligen Vortrag über die Anatomie des Frosches zuhören. Die anderen drei Gruppen wurden auf verschiedene Weisen stimuliert: eine hörte sich eine Platte mit einem wirklich verrückten, witzigen Komiker an, eine andere die grausame Geschichte von dem Mord und der Verstümmelung eines Missionars, und die dritte Gruppe mußte ein paar Minuten lang auf der Stelle laufen.

Danach wurde allen jungen Männern ein Videoband gezeigt, auf dem eine attraktive junge Frau sprach. Dann fragte man die Männer, ob sie die junge Dame wohl gerne kennenlernen und küssen würden. Die Männer der drei Gruppen, die stimuliert worden waren durch körperliche Betätigung, durch den Komiker und durch die Gruselgeschichte, reagierten positiver auf diesen Vorschlag als die, die sich den Froschvortrag angehört hatten. *Erregung macht sensitiv*

Diese Ergebnisse machen verständlicher, daß sich Ken unter dem Einfluß von Amphetamin zu jedem hübschen Mädchen hingezogen fühlte. In jenen Jahren waren die Gefühle, die er empfand, glücklicherweise meistens einseitig. Nur selten waren die Frauen, in die er sich verliebte, auch von ihm beeindruckt, und da seine Miniliebesgeschichten zusammen mit der Wirkung des Amphetamins abklangen, konnte er die Lage dann immer realistisch betrachten und sich elegant aus der Affäre ziehen. *Wenn die Wirkung abklingt*

Dieser Funke, der überspringt, hat eine Wechselwirkung und darf nicht einseitig sein. Beide Partner müssen ihn wahrnehmen, wenn etwas daraus werden soll, und beide müssen miteinander in Verbindung treten. Dieser sexuelle Funke kann von vielerlei entzündet werden, von einem Satz, einer Berührung, einem bestimmten Blick, einem Hut, Kleid oder Anzug, aber er wird wieder erlöschen, wenn er nicht durch weitere Handlungen am Leben erhalten wird. Wenn sich daraus etwas entwickeln soll, muß man das Feuer dauernd schüren.

Von einem Witz entflammt

«Mir fiel Greg das erste Mal richtig auf, als er einen komplizierten Witz von Himmel und Hölle erzählte», berichtete Gila. «Einige von uns aus dem Büro waren zum Essen in ein chinesisches Restaurant gegangen, und Greg erzählte diese köstliche Geschichte einfach meisterhaft. Mir gingen richtig die Augen auf, was ihn betraf, und ich mußte ihn immer ansehen. Natürlich merkte er das und lächelte zurück. Von meiner Seite hätte es da vielleicht aufgehört, aber er sagte mir später, daß er so von meinem britischen Akzent beeindruckt war und immer mit mir sprechen wollte, nur um mich reden zu hören.» Greg, der Gila zugehört hatte, nickte. «Zu Anfang war es ihr Akzent, aber dann merkte ich, daß sie wirklich Sinn für Humor hat; nicht nur, weil sie über meine Witze lacht, sondern weil sie selbst mit diesen knappen Kommentaren kommt, die mich einfach umhauen.»

Lachen verbindet

Das Abendessen in dem chinesischen Restaurant war der Anfang ihrer Liebesaffäre, aber der Funke, der damals übergesprungen war, hätte noch am gleichen Abend verlöschen können, wenn nicht gleich über ihren Sinn für Humor eine Verbindung dagewesen wäre. Witz war für beide ungeheuer wichtig. «Ich brauche jemanden, der schlagfertig auf ein paar Worte reagieren kann», gestand Greg, «und Gila kann das. Sie ist nicht nur witzig, sie ist auch schnell.»

Der gleiche Sinn für Humor

«Wir haben unsere eigenen Abkürzungen», sagte Gila. «Es ist so ähnlich, wie dieser alte Scherz über die Männer, die sich dieselben Witze so oft erzählten, daß sie immer nur noch die Nummer des Witzes 2, 38 oder 71 ausrufen mußten, und schon brüllte alles vor Lachen. Bei Greg und mir ist das ähnlich. Nur ein Wort oder eine bestimmte Geste kann uns zum Lachen bringen.»

«Zu Anfang war ich von Gilas Sinn für Humor begeistert», sagte Greg, «als wir uns dann aber häufiger trafen, da gefielen mir noch viele andere Dinge an ihr: wie sie sich anzieht, die Musik, die sie mag, ihre politischen Ansichten, die Filme und Bücher, die ihr gefallen, sogar ihr Parfum. Eins schien zum anderen zu führen.»

Die gleiche Lebenseinstellung

64

«Mir ging es bei Greg genauso», gab Gila zu. «Wir passen einfach zusammen.» Dieses Zusammenpassen hält sexuelle Anziehungskraft am Leben. Ein Eheberater, mit dem wir uns unterhielten, verglich es mit Magnetismus. «Es ist wie eine magnetische Anziehung, die zwei Menschen zusammenzubringen scheint», sagte er, «es scheint bei Mann und Frau am offensichtlichsten, aber auch zwei Frauen können sich so zueinander hingezogen fühlen oder zwei Männer. Wenn ein Politiker oder ein Schauspieler diese Ausstrahlung besitzt, dann nennen wir es Charisma. Das ist nur eine andere Weise, um zu sagen, er ist attraktiv, er zieht Menschen an.»

Gefährliche Leidenschaft

«Wie würden Sie aber diese Anziehungskraft zwischen Mann und Frau beschreiben?» fragten wir ihn.

Er zuckte die Achseln. «Wie kann man so eine Kraft beschreiben? Physiker können noch nicht einmal den physikalischen Magnetismus, der um uns herum wirksam ist, definieren. Wie kann ich diesen psychologischen Magnetismus beschreiben? Ganz sicher spielt Energie dabei eine Rolle. Jeder der beiden Partner bringt Energie in die Verbindung, und diese Verbindung beeinflußt den anderen irgendwie so, daß noch mehr Energie frei wird. Bei der wahren wechselseitigen sexuellen Anziehung wird dein Partner das Beste aus dir herausholen.»

«Oder das Schlechteste?» fragten wir.

Er überlegte. «Ja, das kann wohl sein. Wenn man zum Beispiel Bonnie und Clyde nimmt, den berühmten bewaffneten Räuber und seine Mieze, dann übten die beiden aufeinander ganz sicher eine starke sexuelle Anziehung aus. Und diese Kraft, diese magnetische Stärke ihrer Verbindung, trieb sie zu Raub und Mord. Auf eine Weise zeigten sie sich also wegen dieser sexuellen Verbindung von ihrer schlechtesten Seite. Wenn Sie das aber einmal umdrehen und es von einer anderen Sicht aus sehen, dann schafften sie sehr viel, wenn es sich auch um Negatives handelte. Deshalb sind sie auch heute noch so berühmt.»

Er zögerte. «Besonders wenn Sie über die beidseitige Wirkung von sexueller Anziehung schreiben, müssen Sie klar verstehen, daß es sich hierbei um die intensivste menschliche Lusterfahrung handeln kann. Es ist beinahe ein mystischer Zustand, ein Stadium der Transzendenz. Wenn Sie diese Wirkung erfahren, dann glauben Sie, daß nichts für Sie zu schwierig ist, daß es keine Grenzen oder Einschränkungen gibt. Das euphorische Gefühl, das für diesen Zustand so typisch ist, bedeutet häufig das Verderben desjenigen, der es erlebt.»

Die intensivste Lusterfahrung

«Wieso das?»

«Ja, nehmen wir einmal an, daß sich diese sexuelle Energie zwischen zwei Menschen aufbaut, die, wie es so häufig passiert, sie eigentlich nicht erfahren dürfen, zum Beispiel ein verheirateter Mann und die Frau eines anderen. In dieser Situation gibt es enorme Schwierigkeiten. Ein vernünftiger Mensch würde die Schwierigkeiten sehen und sich dazu entscheiden, entweder den anderen Menschen aufzugeben oder sehr diskret vorzugehen. Die wahre sexuelle Anziehung aber macht die Menschen unvorsichtig, und man überlegt sich das Für und Wider nicht gründlich. Die Euphorie, diese hedonistische Reaktion, überredet sie, daß sie damit schon fertig werden, und ehe man sich's versieht, befinden sich beide schon in bitteren Scheidungsaffären, sind Familien zerrissen und Freundschaften zerstört. Wissen Sie, wie stark man sein muß, um all das auszuhalten und trotzdem diese spezielle Anziehung noch am Leben zu erhalten?» – «Aber einige Menschen können das.»

Euphorie macht blind

«Nur sehr wenige. Die meisten, die so verliebt sind, daß sie es versuchen, werden schließlich bitter, desillusioniert, und der erste Schmelz dieser Beziehung ist dahin. Was ist das auch für ein Beginn eines gemeinsamen Lebens! Ich würde zwei solchen Menschen, die diese Attraktion empfinden, ihr aber eigentlich nicht nachgeben dürfen, raten, sich entweder zu trennen oder, wenn sie das nicht fertigbringen, zu versuchen die Affäre geheimzuhalten.»

Desillusioniert

66

Er breitete seine Handflächen aus. «Wissen Sie, die Gesellschaft kennt im allgemeinen diese Fälle, und es gibt alle möglichen Bezeichnungen für diese Attraktion, die auftritt, wenn sie nicht angebracht ist. Gerne wird es mit ‹den Kopf verdrehen› bezeichnet. Wenn sich ein reiches Mädchen in einen armen Mann verliebt, dann sagen ihre Eltern, sie ist ‹vernarrt› in ihn. Wenn zwei Menschen, die mit anderen verheiratet sind, sich verlieben, dann handelt es sich um ‹egoistische Leidenschaft›. Diese beiden Worte haben eine Menge Metakommunikation in sich. Und dann natürlich, wenn sich diese sexuelle Faszination zwischen zwei Männern oder zwei Frauen zeigt, dann nennt man es ‹perverse Liebe, perverse Attraktion, eine morbide Faszination›.»

Liebe ohne Sex

«Aber es gibt doch tiefe Freundschaften zwischen zwei Menschen desselben Geschlechts, wo Sex keine Rolle spielt?»

«Natürlich. Eins der wichtigen Elemente bei gegenseitiger starker Anziehung ist, daß sie eben auch bei Menschen des gleichen Geschlechts auftreten kann. Wenn das passiert, und beide sind heterosexuell, dann kann eine solche Beziehung sich innerhalb der Richtlinien der Gesellschaft bewegen, und diese Anziehungskraft kann wirkungsvoll bleiben. Das sexuelle Element wird vergeistigt, und eine tiefe Freundschaft entsteht, manchmal wie die zu einem Mentor oder einem väterlichen Freund. Menschen vieler Berufssparten, ob Schauspieler, Rechtsanwälte oder Ärzte, haben mir berichtet, daß sie es als die schönste Zeit in ihrem Leben empfanden, wenn sie mit jemandem zusammen arbeiten konnten, wo sofort eine bestimmte Verbindung da war.»

Diesen magischen Moment kann man auf der Bühne oder in einem Film miterleben, wenn sich zwischen Schauspielern oder Schauspielerinnen genau diese perfekte Energie entwickelt. Bei Robert Redford und Paul Newman war es so in «Der Clou», Stan Laurel und Oliver Hardy paßten perfekt zusammen, ebenso wie Bud Abbott und Lou Costello und auch Dean Martin und Jerry Lewis, egal, wie sie im Privatleben miteinander zurechtkamen. Wenn man sie gemeinsam auf der Leinwand sah, so konnte man die Energie zwischen ihnen spüren. Aus was für einem Grund auch immer, sie konnten gut zusammen arbeiten und ein gewisses Gefühl der Spannung zwischen sich aufbauen.

Spannung

Die gleiche Art von sexueller Anziehung kann zwischen Lehrer und Schüler wirksam werden. «Ich ging drei Jahre lang zur Oberschule und schlug mich gerade so durch», berichtete uns Eric. «Meine Lehrer waren nur Symbole, Autoritätsfiguren, und ich war immer gegen sie, lernte gerade das nötigste und bekam auch dementsprechende Noten. In meinem letzten Schuljahr bekamen wir Herrn Frank in Deutsch, und von dem Augenblick an, als er in die Klasse trat, wußte ich, daß da etwas zwischen uns war. Er war auf den ersten Blick nicht unbedingt sympathisch, ein kleiner Mann mit wenig Haaren und müden Augen und einer zynischen Art, aber es war zwischen uns sofort diese Verbindung da. Als er mir meinen ersten Aufsatz zurückgab, sah er mir mit einem sehr direkten Blick in die Augen und sagte: «Ich wußte es, sobald ich dich sah. Du bist begabt. Dieser Aufsatz ist gut, aber der nächste wird noch besser, ja?» – «Ja», sagte ich beinahe atemlos, und glauben Sie mir, mein nächster Aufsatz war besser, und jeder folgende war etwas besser als der vorhergehende. Dieser Mann hatte mich aufgeweckt, hatte mir gezeigt, wozu ich fähig war, und das nicht nur in seinem Fach, sondern auch in den anderen. Ich habe ihn nach meinem Schulabschluß nie wiedergesehen, und wir hatten auch nie eine richtige persönliche Beziehung, aber es war da diese Energie vorhanden. Als ich mein erstes Buch veröffentlicht hatte, schrieb er mir eine Karte, darauf stand nur: «gut». Mehr nicht, aber mir ist sie wichtiger als die besten meiner Kritiken.

Pädagogisches Charisma

Energie übertragen

Sexuelles Desinteresse

Eine der Gefahren bei einer intensiven sexuellen Attraktion ist, daß Menschen, die davon betroffen sind, häufig nicht den wahren Charakter ihres Partners oder die Hindernisse, die im Wege sind, sehen können. Die Literatur der Liebe ist voll von Geschichten über die Unvernunft. Menschen, die dieser Macht unterliegen, können häufig ihre Handlungen nicht unter Kontrolle halten. Sie können wie gehetzt sein, vielleicht besessen, in einem gewissen Maße verrückt. Und eine besonders bösartige Situation stellt sich dar, wenn das Objekt der Liebe die Liebe nicht erwidern kann.

Liebe ohne Gegenliebe

Helen Singer Kaplan, eine Psychiaterin aus New York, erklärte uns, daß ein Grund, warum das passiert, ein bestimmter Zustand ist, den sie mit «sexueller Anorexie» bezeichnet. «Ein sexueller Anoretiker ist jemand, der keinen Sexualtrieb verspürt. Manchmal ist ein hormonelles Problem die Ursache, aber weitaus häufiger wurzelt dieses Problem in einem tiefen, psychologischen Konflikt wegen Liebe und Sex.» Wir fragten sie, was man dagegen machen könnte. «Der wichtigste Aspekt von sexueller Anorexie ist nicht, was wir dagegen tun können», sagte sie. «Das gehört in die Tiefenpsychologie. Das Problem, was auf die meisten von uns in Verbindung mit sexueller Anorexie zukommt, stellt sich, wenn wir uns in jemanden mit sexueller Anorexie verlieben.»

Sexuelle Anorexie

«Aber warum würde jemand einen solchen Menschen anziehend finden? Warum sollte man sich in jemanden verlieben, der diese Liebe nicht erwidern kann?»

«Da gibt es neurotische Gründe», antwortete Dr. Kaplan, «daß man sich selbst weh tun möchte, zum Beispiel; aber es gibt ebenso gute, verständliche Gründe. Ein sexueller Anoretiker kann äußerlich attraktiv sein, kann talentiert, intelligent und witzig sein, kann viel Sinn für Humor haben, kann sich immer gut kleiden – alles Dinge, die im Normalfall darauf angelegt sind, sexuell anziehend zu wirken. Wenn du dann erst mal entflammt bist, dann tendierst du dazu, alles Negative zu übersehen und nur die positive Seite dieses Menschen wahrzunehmen.»

Neurotische Liebe

«Und welche Lösung gibt es dann?»

«Die Lösung ist, wie immer, der Realität ins Gesicht zu sehen», sagte Dr. Kaplan. «Das ist der erste Schritt. Du mußt die Gefahr erkennen, in der du dich befindest, die Einseitigkeit der Situation.»

Als wir noch darüber nachdachten, was Dr. Kaplan uns gesagt hatte, wurden wir an ein Gespräch erinnert, was wir mit Steve gehabt hatten. Steve hatte Lisa auf einem Markt in einer großen Stadt kennengelernt. «Ein ziemlich seltsamer Ort, um die Bekanntschaft eines Mädchens zu machen», meinte er. «Sie verkaufte an einem Stand Töpferwaren. Lisa töpfert nicht selbst, sondern ihre Freundin, und sie wollte nur aushelfen. Und sie war wirklich eine *Das Traummäd-* attraktive Hilfsverkäuferin. Sie hatte langes, schwarzes *chen* Haar, eine reine, weiße Haut und dunkelblaue, beinahe violette Augen. Sie trug ein langes weißes Kleid mit Spitze, und ich sah sie nur und hatte schon den Kopf verloren. Sie können sich nicht vorstellen, wie entzückend sie war, wie eine Figur aus einem Stück von Tschechow. Ich kaufte zwei Becher, einen Topf und drei Kerzenhalter, und da waren wir dann schon alte Bekannte; ich fragte sie, ob sie mit mir zu Abend essen wollte. Zu meiner Überraschung sagte sie zu. Sie war so reizend, vielleicht könnte man sie etwas passiv nennen, aber wir amüsierten uns gut, und erst als ich ihr einen Gute-Nacht-Kuß gab, fiel mir *Ein Kuß wie* etwas auf. Dieser Kuß war wie Schnee, so leicht und kühl. *Schnee* Wir trafen uns wieder und wieder, und jedesmal war es auch nett, aber wenn ich ihr körperlich näher kommen wollte, dann schien sie sich in sich selbst zurückzuziehen. Da gab es absolut keine Reaktion von ihrer Seite. ‹Was fühlst du denn?› fragte ich sie einmal; sie sah mich etwas verwirrt an und zuckte mit den Schultern. ‹Dasselbe wie jeder andere auch.› Aber das stimmte nicht. Hinter der bezaubernden Fassade war kein Leben, kein Feuer. Als ich *Sie löste sich in* mit ihr schlafen wollte, da schien sie sich einfach in Nichts *nichts auf* aufzulösen; es war weniger als Widerstand, es war einfach gar nichts.

Wir hatten ein langes Gespräch, und ich stellte fest, daß sie noch keine sexuellen Beziehungen gehabt hatte und

70

auch nicht das Gefühl hatte, daß sie etwas versäumt habe. ‹Ich mag dich Steve›, sagte sie. ‹Aber ich bin eben anders.› Ich kann Ihnen sagen, mir brach das Herz. Ich war so sicher gewesen, daß ich den Eisblock schmelzen könnte, den sie statt eines Herzens in der Brust trug, aber ich machte überhaupt keine Fortschritte. Ich verschwendete einen ganzen Monat meines Lebens an Lisa, und dann gab *Alles umsonst!* ich auf. Ich glaube, niemand hätte es geschafft.»

Das war Steve, ein Mann, der eine irrationale Wahl getroffen hatte, weil er durch die sexuelle Anziehungskraft von Lisa geblendet worden war; aber er war schlau genug und sah der Realität ins Gesicht, wie Dr. Kaplan vorgeschlagen hatte. Es war ein vergeudeter Monat, aber es war nur ein Monat. Pamela, die in die gleiche Situation mit Jerry geriet, hatte weniger gesunden Menschenverstand. Jerry war wie Lisa ein sexueller Anoretiker. Er war ein gutaussehender junger Mann, intelligent, begabt und sehr unterhaltend. Pam hatte ihn über einen Freund kennengelernt, und in vieler Hinsicht paßten die beiden sehr gut zusammen. Sie waren das ideale Paar – solange sie nicht zusammen ins Bett gehen wollten.

«Anfangs dachte ich, da wäre etwas mit mir verkehrt», sagte Pam. «Vielleicht war Jerry zwar gern mit mir zusammen, holte sich Sex aber woanders. Dann dachte ich eine *Vielleicht schwul?* Zeitlang, daß er vielleicht schwul sei. Ich habe ein paar gute Freunde, die homosexuell sind, und einer von ihnen lernte Jerry kennen. Ich fragte ihn dann ganz direkt, was er wohl meine. ‹Er ist nicht schwul›, sagte mein Freund mit Bestimmtheit. ‹Aber Pam, du verschwendest deine Zeit.›

‹Glaubst du, daß er eine andere Frau hat?›

Er sagte: ‹Da ist niemand, noch nicht einmal du. Höre auf den Rat eines treuen Freundes und schlage ihn dir aus dem Kopf. Es gibt für dich und Jerry keine Zukunft. Ich kenne diese Art von Menschen.›»

Aber Pam konnte nicht einfach aufgeben. Sie war ver- *Verliebt und* liebt und unvernünftig, und sie war überzeugt, daß sie ir- *unvernünftig* gendwie Jerrys Panzer durchdringen könnte. Was sie nicht verstand, war, daß es da keinen Panzer gab, sondern nur ein Mangel an Interesse. Leider hielt Pam es sehr viel länger als Steve durch. Unglücklicherweise befriedigte Jerry irgendein tiefes, neurotisches Bedürfnis in ihr. Abgewiesen zu sein und trotzdem etwas zu verfolgen, was es gar nicht gab, sprach eine gewisse sado-masochistische Seite ihres Charakters an und ließ sie weiter hinter Jerry herlaufen.

Sado-masochistische Bedürfnisse

Er wiederum fand die Situation absolut nicht unangenehm und wollte daran auch nichts verändern. Er hatte zwar kein sexuelles Interesse an Pam – wie auch sonst an niemandem –, aber er war gern mit ihr zusammen, und hin und wieder bei gesellschaftlichen Anlässen war es auch günstig, wenn er eine Frau mitbringen konnte.

Wenn man es mit einem sexuellen Anoretiker zu tun hat, gibt es nur eins: Man muß erkennen, daß der Partner zu dieser Kategorie Menschen gehört, und sich so schnell man kann aus dieser Beziehung lösen. Wahrscheinlich wird man sich verletzt fühlen, aber die Schmerzen, die du jetzt fühlst, sind weitaus geringer, als die, die später auf dich zukommen, wenn du diese Beziehung nicht sofort zu einem Ende bringst.

Lieber ein Ende mit Schrecken

Erregende Gefahr

«Es war wirklich drollig, wie wir uns kennenlernten», sagte Betty zu uns. «Es war wie in einem dieser Filme mit Doris Day. Tim und ich steckten zwei Stunden lang in einem Aufzug, der sich nicht bewegen wollte. Panik befiel mich; ich bin nicht besonders gefaßt in Krisensituationen. Aber Tim war phantastisch. Er versuchte mich zu beruhigen, wies darauf hin, daß es in unserer Stadt noch nie einen ernsthaften Unfall mit Aufzügen gegeben habe. Ich war furchtbar nervös, aber Tim war ruhig und versuchte mich aufzuheitern und abzulenken. Wissen Sie, eigentlich ist Tim gar nicht mein Typ, aber wie wir da so zusammen eingeschlossen waren, da gab es keine Mauern mehr zwischen uns. Als wir schließlich erlöst wurden, war ich am

Panik im Fahrstuhl

Ende. Wir tauschten unsere Telefonnummern aus, und ich wußte, daß er mich anrufen würde, und ich wußte auch, daß ich das wollte. In diesem gräßlichen Aufzug hatte sich eine sexuelle Spannung entwickelt.»

Die sexuelle Spannung, die sich zwischen Betty und Tim entwickelt hatte, beweist eine alte psychologische Binsenwahrheit: Nervöse Anspannung kann merkwürdigerweise als Katalysator bei der Liebe wirken. Wir haben schon vorher davon gesprochen, daß gefühlsmäßige Erregung notwendig ist, um eine sexuelle Spannung zwischen zwei Menschen zu erzeugen, und es scheint gleichgültig zu sein, *wie* diese Erregung zustande kommt. Manchmal ist es ein hübsches Gesicht, eine behaarte Brust oder ein Zeichen von Geist und Witz. Manchmal spielt ein besonderer Blickkontakt eine Rolle oder die richtige Kleidung. Die Stimulierung kann visuell oder intellektuell sein, eine Erinnerung an eine andere Liebe oder sogar eine Phantasievorstellung.

Nervöse Anspannung als Katalysator der Liebe

Obgleich die gefühlsmäßige Erregung durch etwas Angenehmes entstehen kann, wie etwa durch ein besonders schönes Geschenk oder durch das gemeinsame Ansehen eines schönen Sonnenuntergangs, so kann sie seltsamerweise auch durch etwas Unangenehmes hervorgerufen werden. Es kann so unangenehm sein, wie die zwei Stunden, die Betty und Tim im Aufzug gefangen waren. Aber diese böse Erfahrung wurde von beiden geteilt; wichtig ist, daß man etwas *gemeinsam* erlebt hat, wodurch man gefühlsmäßig erregt wurde.

Gemeinsames Durchstehen erregender Situationen

Die Tatsache, daß das Moment der Angst in bestimmten Situationen für eine sexuelle Spannung verantwortlich war, wurde durch ein sehr interessantes Experiment untermauert. Dr. Donald Dutton und Dr. Arthur Aron testeten Männer, und zwar dadurch, daß sie über zwei Brücken gehen mußten. Eine war normal und stabil. Die andere war eine ziemlich unsicher aussehende Hängebrücke, die über eine hundert Meter tiefe Schlucht führte. Sie kam beim Betreten gefährlich ins Schwingen, und das Überqueren ging nur langsam vor sich.

Die Hälfte der Männer ging über die eine, der Rest über

die zweite Brücke. Auf der anderen Seite wurden sie von attraktiven Frauen gebeten, bestimmte Fragebögen auszufüllen. Durch die Antworten auf die Testfragen konnte man die sexuelle Spannung messen und auswerten. Die Männer, die die gefährliche Brücke überquert hatten, standen unter einer größeren sexuellen Spannung als die Männer mit der harmlosen Brücke. Die Frauen gaben den Männern außerdem ihre Telefonnummern, «falls sie wegen dieses Experiments noch Fragen hätten». Ein weitaus größerer Prozentsatz der Männer der gefährlichen Brücke rief die Frauen an und bat um eine Verabredung.

Furcht schafft sexuelle Spannung

Die Wissenschaftler schlossen daraus, daß auch Furcht eine Atmosphäre für eine sexuelle Spannung schafft. Dies könnte ein Grund dafür sein, warum außereheliche Affären trotz des Risikos so attraktiv sind. Das Element der Gefahr ist immer vorhanden und macht die Sache außerordentlich reizvoll.

Schwatzhaft oder schweigsam aus Nervosität

Nervöse Anspannung kann zwar eine gewisse sexuelle Spannung hervorrufen, aber es gibt auch Situationen, wo sie genau das Gegenteil bewirkt. Die gleiche Nervosität, die manchmal ein Knistern zwischen zwei Menschen entstehen läßt und somit beide empfänglicher macht, kann auch zu einer gefühlsmäßigen Blockierung führen und damit jedes sexuelle Interesse erlöschen lassen.

Blockierung aus Anspannung

Judy hat dieses Problem. «Gerade wenn alles wunderbar läuft, muß ich es verpatzen. Zum Beispiel letzten Monat. Ich war ein Wochenende zum Skilaufen gefahren und lernte diesen Mann auf dem Hang kennen. Wir waren beide etwa gleich gut oder gleich schlecht und übten dieselben Abfahrten. Wir versuchten ein kleines Wettlaufen, nur so zum Spaß, und irgendwann fragte er mich dann, ob ich allein da war. Ich sagte ‹ja›, und er darauf ‹gut›, und ob wir nicht zusammen zu Abend essen wollten. Alles schien perfekt zu sein. Ich mochte ihn. Er sah so frisch und natürlich aus und hatte eine gute Figur. Und dann war das Abendessen eine einzige Katastrophe!»

«Was ist denn passiert?»

«Ich war so aufgeregt und nervös und wollte so gern einen guten Eindruck machen, daß ich nur redete und redete wie ein Wasserfall. Ich schwatzte über alles, was mir nur in den Sinn kam, und eigentlich sagte ich gar nichts. Anfangs hörte er noch lächelnd zu, dann wurde das Lächeln etwas gequält. Dann lächelte er gar nicht mehr und irgendwann, ich glaube, es war beim Nachtisch, schaltete er einfach ab und hörte überhaupt nicht mehr zu. Ich merkte zwar, was da passierte, aber ich konnte einfach nichts dagegen tun. Und was dabei das schlimmste ist, ich wußte genau, was da passierte, und je klarer mir das wurde, desto mehr quasselte ich. Ich glaube, es lag einfach an meiner Nervosität. Ich wollte so gern einen guten Eindruck machen und machte doch mit meinem vielen Gerede eine Kommunikation unmöglich. Den ganzen Rest des Wochenendes ging er mir aus dem Weg, und dabei mußte er sich nicht besonders anstrengen. Mir war es so peinlich, daß ich ihm nicht mehr ins Gesicht sehen konnte.»

Zuviel Gerede kann ein Hindernis sein, aber es gibt auch Situationen, wo zuviel Schweigen das gleiche Resultat hat. Richard arbeitet in einer Graphikagentur. Er versucht, wenn möglich, zwischen seinen Kunden und dem Graphiker, den er vermittelt, eine Atmosphäre von ehrlichem Interesse zu schaffen. «Das hat zwar nichts mit Sex zu tun», erklärte er uns, «aber es schafft eine Verbindung zwischen den Betreffenden. Es gibt Menschen, mit denen man einfach gut auskommt, man hat die gleiche Wellenlänge. Es ist wie eine sexuelle Attraktion, und wenn dieses Verständnis zwischen mir und einem Graphiker besteht, dann läuft alles wunderbar. Ich kann darlegen, was ich mir vorstelle, und er oder sie begreift es sofort. Also, vor einiger Zeit hatte ich einmal einen wirklich wichtigen Kunden mit einem verdammt guten Auftrag. Für die Werbekampagne brauchte ich genau die passenden Graphiken, was

Angst vor Miß-erfolg

Übereifer schadet nur

Schweigen ist keine Lösung

aber noch wichtiger war, ich brauchte jemanden, der genau verstand, was ich wollte, und mit dem ich gut zusammenarbeiten konnte. Ein Graphiker, von dessen Arbeiten ich sehr beeindruckt war, kam zu mir ins Büro, damit wir über den Auftrag sprechen konnten. Mit seiner Arbeit hätte ich ganz sicher etwas anfangen können, aber es ging einfach nicht. Zwischen uns gab es keinerlei Ver-

Sprachlosigkeit

bindung. Ich glaube, es war eine Art Blockierung. Er ignorierte jeden Vorschlag, den ich machte, das heißt, er reagierte überhaupt nicht darauf, was für mich dasselbe ist. Natürlich kann man etwas gegen einen Vorschlag haben, aber dann äußert man seine Bedenken. Dieser Mann aber saß nur da, ohne ein Wort zu sagen. Schließlich gab ich es auf und sagte ihm geradeheraus, daß wir einfach nicht zusammenarbeiten könnten. Eine deprimierende Erfahrung!»

Diese Erfahrung ist gar nicht so selten. Es gibt Menschen, die sind so blockiert, daß jegliche Art von Kommunikation mit ihnen unmöglich ist. Wenn du mit einer solchen Person zusammen bist, dann kommt es dir zweifellos nach kurzer Zeit so vor, daß du zuviel redest, daß du Dinge sagst, die du eigentlich gar nicht meinst, nur damit dieses Schweigen nicht zu drückend wird.

Keine Kommunikation

Wodurch diese Wortlosigkeit hervorgerufen wird, ist schwer zu sagen. Aber ebenso wie zuviel Geschwätz einfach aus einer gewissen Nervosität kommen kann, so kann auch zuviel Schweigen die gleiche Ursache haben. Ein übernervöser Mensch zieht sich zurück und schweigt aus lauter Angst, daß er das Verkehrte sagen könnte.

Gegensätze ziehen sich an?

Diese Blockierungen durch Nervosität, durch zuviel Gerede und zuviel Schweigen sind schlimm, besonders wenn jemand, der viel redet, weil er in einer lauten Familie aufgewachsen ist, auf jemanden trifft, bei dem es zu Hause immer ruhig zuging. Paul und Karin sind ein solches Paar.

Paul und Karin

Sie wuchsen in sehr verschiedenen Familien auf. Bei Karin war jeder ziemlich ruhig; wenn gesprochen wurde, dann nur, weil es notwendig war. Im Gegensatz dazu fand man in Pauls Familie, daß ein bestimmter Geräuschpegel schon Kommunikation war. Sie waren alle lärmend und ausgelassen, jeder redete mit lauter Stimme, und man ließ niemanden ausreden.

«Für sie ist der Lärm auf dem Fußballplatz ein normaler Geräuschpegel», sagte Karin. «Als Paul mich mitnahm, um seine Familie kennenzulernen, war es schon ziemlich ernst mit uns. Ich mochte Paul, mochte die vernünftige Weise, wie er Dinge anpackte, mochte seine übersprudelnde Begeisterung. Es war so ganz anders als in meiner Familie. Als wir aber in dem Haus seiner Eltern waren, hatte ich einen ganz anderen Eindruck von Paul. Seine Überzeugungen kamen mir verbohrt vor, sein Überschwang schien nur laut zu sein, und sein Benehmen hätte man in meiner Familie als ausgesprochen schlecht bezeichnet. Ich mußte immer seine Familie mit meiner vergleichen. Als wir schließlich gingen, sagte ich: ‹Gott sei Dank, jetzt haben wir endlich etwas Ruhe und Frieden.› Das hätte ich nicht sagen dürfen. Paul war sofort in Verteidigungsstellung und fragte: ‹War es also das, was dich den ganzen Abend gestört hat? Du hast ja kein Wort gesagt.› – ‹Man ließ mich ja überhaupt nicht zu Wort kommen›, gab ich scharf zurück. ‹Bei dem Krach!› – ‹Krach nennst du das? Wenigstens sitzen wir nicht herum wie ängstliche Kaninchen, die keinen Ton herausbringen!› antwortete er ärgerlich. ‹So, das bin ich also für dich!›, und schon hatten wir unseren ersten großen Streit. Ich muß Ihnen sagen, ich war selbst erstaunt, wie laut ich wurde. Ich war so wütend. Außerdem brüllt man in meiner Familie, wenn man wütend ist, in Pauls brüllt man, wenn man sich freut.»

Paul und Karin überstanden zwar diesen Streit. Aber alles hätte so viel einfacher sein können, wenn beide sich dieser Probleme besser bewußt gewesen wären. «Karin ist anders als wir», hätte Paul seiner Familie erklären können. «Sie versteht nicht, warum wir uns immer so anbrüllen.»

Paul hätte sagen können, daß man in Karins Familie seine Stimme nur erhob, wenn man ärgerlich und wütend war.

Als Karin sich des Problems bewußt wurde, konnte sie versuchen zu verstehen, was Lautstärke in Pauls Familie bedeutete.

Karin war eigentlich nicht schweigsam, sondern sie hatte nur eine leise Stimme, die von anderen dann als Schüchternheit ausgelegt wurde. «Das fand ich eigentlich anfangs bei Karin besonders anziehend», gestand Paul.

«Sie war so anders als die Mädchen, mit denen ich aufgewachsen war.» Aber Karin ist überhaupt nicht schüchtern. «Wenn Paul wütend wird, dann kann ich ihn schon damit beruhigen, daß ich einfach leiser spreche. Dadurch wird seine Wut gemildert.»

Was Karin da entdeckt hatte, kann uns allen nutzen. Viele Situationen können allein durch die Lautstärke unserer Stimme gemeistert werden. Manche Auseinandersetzungen können durch schiere Lautstärke gewonnen werden, aber andere werden beendet, indem man die Stimme senkt. Dann wird nämlich nach einer Weile der andere auch seine Stimme senken, und der vernünftigere Tonfall wird auch zu vernünftigeren Diskussionen führen. Häufig können Wut und Feindseligkeit auf diese Weise entschärft werden. Bei Nervosität und Panik kann eine leise Stimme trösten und sagen: «Ich fühle mit dir; ich verstehe; ich bin für dich da.»

Es gibt auch einen innerlichen Rückkopplungsmechanismus, der bei der Stimme wirksam wird, genauso wie bei der Körpersprache. Ein schüchterner Mensch mit einer unsicheren Stimme kann sein Selbstvertrauen stärken, wenn er lauter und deutlicher sprechen lernt und seine Sätze vernehmlich zu Ende bringt, statt mittendrin zu verstummen.

Nancy hatte eine leise Stimme, aber im Gegensatz zu Karin fühlte sie sich unsicher und hatte wenig Selbstbewußtsein. Sie wendete die Rückkopplungsmethode mit Erfolg an.

Sie machte eine Therapie mit: «Man gab mir bestimmte Aufgaben. Ich mußte das nächste Mal, wenn ich mit dem Bus fuhr, den Fahrer um Auskunft bitten; ich mußte jemanden auf der Straße ansprechen und nach der Uhr fragen. Ich mußte mich dazu zwingen, laut und deutlich zu sprechen, und wenn man mich beim erstenmal nicht verstand, galt es nicht, und ich mußte zum nächsten gehen. Ich mußte im Laden eine Verkäuferin nach dem Preis eines Kleides fragen und eine Bekannte darum bitten, mir ein Buch auszuleihen. Dadurch wurde mir meine Sprechweise sehr bewußt. Ich fing an, jedes Wort deutlich auszusprechen. Und mit der Zeit, als ich diese kleinen Aufgaben immer besser erledigte, bekam ich auch mehr Selbstvertrauen.»

Lebhaft oder zurückhaltend

Obgleich Lautstärke und dauerndes Reden manchmal eine echte Kommunikation blockieren können, so können sie auf der anderen Seite auch Freundlichkeit und Zuneigung ausdrücken. Das erlebte eine Frau, die einen Mann italienischer Herkunft geheiratet hatte. «Ich weiß jetzt, daß hinter all dem Getöse echte Wärme steht. Ich *Herzenswärme* genieße das jetzt sehr, obgleich es mich zu Anfang ziemlich einschüchterte. Wenn Lautstärke Wärme bedeutet, dann ist es aber auch wahr, daß Schweigen manchmal eisig sein kann. Mein Vater war ein kalter Mann. Er sprach selten, und in unserem Haus gab es lange Perioden ungemütlichen Stillschweigens, wenn jeder nur auf ein Wort von ihm lauerte, das uns beweisen sollte, daß wir ihm etwas bedeuteten. Manchmal versuchten wir ihn zu provozieren, nur damit er etwas sagte, auch wenn es aus Wut war. Wenn er aber wütend war, dann wurde es nur noch schlimmer; dann zog er sich einfach völlig zurück.»

Ein Mann hatte mit seiner Freundin aus einem ähnlichen Grund gebrochen. «Sie sprach nur ganz selten. Als ich sie kennenlernte, fand ich ihr Schweigen irgendwie geheimnisvoll und spannend. Sie schien so schön und unerreichbar. Ich wollte dieses Geheimnis lösen und stellte mir *Schweigsam und unerreichbar* vor, daß unter ihrer unnahbaren Schale eine wunderbare, warmherzige Frau verborgen war. Als ich aber unter die Oberfläche sehen konnte, da war da gar nichts, nur dieses reservierte Schweigen. Plötzlich stellte sich das, was mir geheimnisvoll erschienen war, nur als Egoismus heraus. Sie war so mit sich selbst beschäftigt, daß sie es einfach nicht für notwendig hielt, sich mit anderen abzugeben. Ich gab's auf.»

Egoismus

Und doch kann Schweigen manchmal auch Menschen miteinander verbinden. Ein Ehepaar beschrieb: «Wenn wir zu unserem Wochenendhaus aufs Land fahren, dann wollen wir beide der Stadt entkommen. Hinter uns liegt eine Woche voller Stress und Schwierigkeiten; wir haben beide Berufe, die viel von uns verlangen, und wenn wir die Stadt hinter uns lassen, dann sagt keiner ein Wort. Es herrscht eine köstliche Stille im Auto, eine warme Stimmung, ein Wohlfühlen. Wir verstehen einander, und dauerndes Gerede ist nicht nötig. Es genügt, daß wir zusammen sind.» Diese Stille, die das Paar umgibt, ist produktiv. Jetzt können sie sich entspannen, ihre Gedanken wandern lassen, und wenn einer von ihnen spricht, kann der andere zuhören. Es ist ein ganz anderes Schweigen als das, was durch kalten Haß oder Ärger hervorgerufen wird.

Köstliche Stille

Aktives Zuhören

Durch Schweigen am rechten Ort zur rechten Zeit kann eine sexuelle Spannung erzeugt werden. «Ich habe mich gleich bei unserer ersten Verabredung in Carol verliebt», sagte Bill zu uns. «Ich fand sie wahnsinnig attraktiv. Sie hatte etwas an sich, ich weiß auch nicht was, das mir sagte, daß sie mich mochte, daß sie sich für mich interessierte und mich wirklich verstand. Vielleicht war es nur ein ganz besonderes Einfühlungsvermögen.»

Besonders einfühlsam

«Ach was», meinte Carol darauf. «Wenn die Wahrheit nun mal ans Licht soll: Es lag nur an meinem aktiven Zuhören.»

«Was ist das?» fragten wir.

«Ja, ich nenne es aktives Zuhören, obgleich es vielleicht noch einen genaueren Begriff dafür gibt. Ich höre aufmerksam zu, und als Beweis dafür wiederhole ich das zuletzt Gesagte in anderen Worten. Wissen Sie, die meisten Leute hören ja nicht zu. Sie warten nur darauf, daß der andere eine Pause macht, damit sie selbst zu Wort kommen. Wenn sie merken, daß man ihnen wirklich zuhört, dann gibt das der Unterhaltung einen ganz anderen Anstrich. Ich wendete das auch bei Bill an und traf genau ins Schwarze. Er nennt es Einfühlungsvermögen, aber das ist es nicht. Ich nenne es lieber aktives Zuhören.»

Carols Methode funktioniert; durch aktives Zuhören kann eine Attraktion entstehen, die nicht nur sexueller Natur, sondern auch in vielen anderen menschlichen Beziehungen wichtig ist. Freundschaft kann dadurch ganz andere Dimensionen annehmen, und im Geschäftsleben spielt sie eine große Rolle.

Carols aktives Zuhören hat Erfolg, weil ein wesentlicher Faktor bei der sexuellen Attraktion der ist, daß man sich *ernsthaft* mit dem anderen beschäftigt.

Ernsthaftes Bemühen

«Ich habe soviel sexuelles Feuerwerk erlebt, daß ich damit eine Fabrik aufmachen könnte», meinte ein junger, sehr gut aussehender Mann im Gespräch. «Aber irgendwie ist das unbefriedigend auf die Dauer. Anfangs fand ich es super, wenn man sich mit der Frau nicht zu ernsthaft befassen mußte. Ich hatte meine goldene Freiheit. Ich sagte ihnen immer: ‹Wir haben beide unseren Spaß dabei› und dann ‹wir wollen es dabei belassen›. Dann suchte ich nach neuen Eroberungsmöglichkeiten, damit die alte Liebe nicht zur Gewohnheit wurde und auch, um jemand Neuen kennenzulernen.»

«Und jetzt?»

«Ich weiß einfach nicht. Mein Trieb scheint weg zu sein. Was ich möchte, was ich wirklich möchte, ist etwas von Dauer, ich nehme an, eine echte Beziehung. Ich machte mich immer darüber lustig, wenn Frauen von einer ‹echten Beziehung› redeten, aber ich weiß nicht. Ich glaube

Etwas von Dauer

jetzt, daß ich das wirklich will, aber um ganz ehrlich zu sein, ich weiß nicht, wie ich es anstellen soll.»

Er wird diese echte Beziehung finden können, wenn er sich ernsthaft mit dem anderen Menschen beschäftigt. Nur dadurch entstehen dauerhafte Verbindungen.

Wie wir uns darstellen

Dr. Jekyll und Mr. Hyde

«Ich führe wirklich ein schizoides Leben», erzählte uns Brian. «Tagsüber bin ich ein braver Pastor, und bei Nacht arbeite ich in einer Bar. Wenn mein nächtliches Ich meinem Tages-Ich begegnen sollte, dann würden sie sich sicher aus dem Weg gehen.»

«Bei Tag ein Pastor und bei Nacht hinter dem Tresen? Also das müssen Sie uns schon näher erklären.»

«Das ist ganz einfach. Als wir unser drittes Kind bekamen, reichte mein Gehalt als Pastor nicht mehr aus. Entweder mußte meine Frau eine Stellung annehmen, oder ich mußte schwarzarbeiten. Die Kinder waren aber noch zu klein, als daß sie arbeiten gehen konnte, und so sah ich mich nach etwas um und fand ein Restaurant mit Bar etwa 30 km von unserem Haus entfernt. Für mich hat diese Stellung eine gewisse Logik. Als Pastor höre ich mir Sorgen und Schwierigkeiten anderer an und versuche, ihnen zu raten, und wenn ich hinter der Bar stehe, mache ich das gleiche.» Er lachte. «Aber wissen Sie, das Seltsame dabei ist, daß ich wirklich zwei verschiedene Menschen bin. Es ist eine Art von ‹Jekyll und Hyde›-Veränderung. Wenn ich meinen Pastorenkragen umhabe, bin ich ein ernster Mensch. Man hat Zutrauen zu mir, vertraut mir etwas an, und ich reagiere darauf. Aber bei Nacht trage ich ein offenes Hemd ohne Schlips und krempel mir die Ärmel hoch. Dann bin ich ein ganz anderer Mensch, jemand, bei dem man sich entspannen kann, nicht zu ernst, rede gern und fühle mich ganz anders. Wirklich ganz anders.»

Pastor und Barkeeper

Wenn Brian sich umzog, dann änderte er mit der Kleidung auch seine Persönlichkeit. Er war jetzt jemand anderer und benahm sich entsprechend. Das zwanglose Leben hinter der Bar gab ihm das Recht, frei und lässig zu sein. Jeder von uns kann eine andere, vielleicht freiere Person

Persönlichkeitsveränderung

werden, wenn er sich einen anderen Lebensstil zu eigen macht. Wenn Brian für seinen Job in der Bar angezogen war, dann fühlte er sich lebendiger, fand, daß er mehr von sich geben konnte, weniger beengt, als wenn er wie ein Pastor angezogen war. Aber damit er dieses Doppelleben führen kann, muß es zwei Brians geben. Als wir uns mit ihm unterhielten, wurde deutlich, daß es in der Tat zwei sehr verschiedene und ausgeprägte Seiten in seinem Charakter gab.

Doppelleben

In seiner «Jekyll und Hyde»-Geschichte beschreibt Robert Louis Stevenson einen braven Arzt, der einen Trank erfindet, wodurch die dunkle Seite seines Charakters freigesetzt und mächtiger wird als die andere. Stevenson postulierte, daß jeder von uns eine gute und eine schlechte Seite hat und daß die eine die andere unterdrückt. Der gute Dr. Jekyll hatte die Oberhand, bis der böse Mr. Hyde freigesetzt wurde.

Brian war absolut nicht schizoid. Er ist ein guter Pastor, der sein Amt und die Rolle, die er dabei spielt, sehr ernst nimmt. Hinter der Bar aber kann er das Bild des Mentors hinter sich lassen, die Ärmel hochkrempeln und an die Arbeit gehen. Sein Zaubertrank ist einfach nur sein Kleiderwechsel.

Kleiderwechsel wirkt Wunder

Diese Veränderung der Persönlichkeit durch andere Kleidung, durch ein anderes äußerliches Bild von sich stellt sich fast bei jedem ein. Man braucht einen seriösen Geschäftsmann nur in ein Clownskostüm zu stecken, und schon kann man eine Veränderung der Persönlichkeit beobachten. Wenn man einen normalen Arbeiter in einen gutsitzenden, sehr teuren Anzug steckt und ihm ein dazu passendes Hemd, Schuhe, usw. gibt, dann wird er sich als Mann von Welt fühlen, erfahren und selbstbewußt. Man kann irgendeiner Frau ein besonders schönes Kleid anziehen, und sie wird sich attraktiver vorkommen, und häufig wird sie es auch sein. Es ist weniger, daß Kleider Leute machen, als daß sich der Mensch bewußt ist, was er in dieser Kleidung darstellt und sich entsprechend benimmt.

Wie viele Stadtmenschen wollen durch ihre pelzgefütterte Lederjacke, Jeans und Gummistiefel ihre Verbundenheit mit der Natur demonstrieren und hätten doch große Angst davor, auf dem Land zu leben? Und wie viele Frauen zeigen durch ihre Kleidung ein äußerliches Bild von sich, das ihrem eigenen Wesen so gar nicht entspricht? Würden sie denn gern so sein wollen, oder legen sie es nur darauf an, das andere Geschlecht anzuziehen? Zeigt dieses Äußere ein Phantasiebild oder die Wirklichkeit?

Kleidung als Tarnung?

Bei der sexuellen Anziehung spielt die Phantasie oft eine größere Rolle als die Wirklichkeit. Um herauszufinden, wie Männer auf das Äußere einer Frau reagierten, ohne zu wissen, was sie wirklich für ein Mensch war, führte die Universität in Indianapolis ein Experiment durch: Eine junge Frau in knappem Oberteil und kurzem Rock bat Männer mittleren Alters, die vorbeigingen, um Auskunft. Später zog sie sich ein Schneiderkostüm an, was strenger wirkte, und bat wieder um Auskunft wie vorher. Es stellte sich heraus, daß ihr in 70 Prozent der Fälle geholfen worden war, als sie das kurze Röckchen getragen hatte, und in nur 40 Prozent, als sie das Schneiderkostüm trug.

Sexuelle Anziehung durch Phantasie

Minirock oder Schneiderkostüm

Die Kleider, die wir tragen, vermitteln einen bestimmten Eindruck unserer Person, der teilweise unsere inneren Bedürfnisse widerspiegelt und teilweise zeigt, wie wir von anderen eingeschätzt werden wollen. «Es ist wirklich seltsam mit meinen beiden Ichs», meinte Brian. «Wenn ich hinter der Theke stehe, dann gibt es da schon eine gewisse sexuelle Spannung zwischen mir und den Frauen an der Bar. Nein, ich lasse es nie deutlich werden, aber ich weiß, daß dieses Gefühl da ist. Ein bestimmter Blick, ein besonderes Lächeln – wenn ich ein anderer Mann wäre, dann könnte sich daraus leicht etwas entwickeln.»

Phantasievorstellungen

Um etwas besser zu verstehen, wie wir auf das Äußere eines Menschen reagieren, sprachen wir mit Dr. Avodah K. Offit, die als Psychiaterin und Sextherapeutin am Lenox Hill-Krankenhaus arbeitet. «Welche Rolle spielt das Äußere bei der sexuellen Attraktivität?» fragten wir sie.

Äußeres Erscheinungsbild

«Wir alle machen Aussagen von uns selbst, die andere anziehen oder abstoßen», sagte Dr. Offit. «Einer trägt vielleicht Pullover und Cordhose, hat einen Bart und wirkt wie ein intellektueller Schriftsteller. Er wird die Frau beeindrucken, die den kreativen Typ Mann mag. Sie dürfen nicht vergessen, daß wir von der anfänglichen Attraktion sprechen, von dem Funken, der vielleicht in diesem ersten Augenblick überspringt und wodurch entschieden wird, ob man sich näher kommen will oder nicht.»

«Und der beruht häufig auf reiner Phantasie?»

Vortäuschung falscher Tatsachen?

«Was ist daran verkehrt? Der bärtige Typ im Pullover hat vielleicht noch nie eine Zeile geschrieben; der ‹Geschäftsmann› arbeitet vielleicht am Fließband, aber sie projizieren bestimmte Phantasiebilder. Das gleiche gilt für die Frau, die bei einem Gartenfest in einem langen weißen Sommerkleid erscheint und für die Schöne, die in heißen Höschen in der Diskothek auftaucht. Erinnern Sie sich an die siebziger Jahre, wo ‹natürlich› und ‹ursprünglich› Mode war? Und an die jungen Mädchen in ihren langen Kleidern, wie aus der Pionierzeit? Wessen Phantasievorstellungen haben die wohl entsprochen?»

«Werden die meisten dieses Spiel nicht durchschauen?»

«Durchschauen ist eine Sache, das Phantasiebild aufrechterhalten eine andere. Ich möchte Ihnen gern von einem Zwischenfall erzählen, den ich neulich im Park beobachtete. Ich saß auf einer Bank, und eine junge Frau kam auf mich zu. Sie trug ein modisches Seidenkleid und hohe Absätze und hatte eine tadellose Frisur. Hinter ihr ging eine andere junge Frau in Shorts und Tennisschuhen. Sie trug ein altes Sweatshirt und hatte ein Handtuch um den Hals, und ihr Gesicht war naß von Schweiß. Ein junger Mann in Jeans, T-Shirt und abgetragenen Tennisschuhen kam den beiden entgegen. Seine Augen verweilten nur einen Moment ohne Interesse auf der gutangezogenen jungen Frau, als sie aber auf das sportliche junge Mädchen hinter ihr fielen, leuchteten sie auf, und ich konnte sehen, wie sein Interesse erwachte. Er ging ein paar Schritte an ihr vorbei, zögerte, drehte um und ging neben ihr her, während er ihr Interesse mit den uralten Standardsätzen erwecken wollte, die schon von Adam zu stammen scheinen. Was mich daran so faszinierte, war, daß er sich überhaupt nicht für die gut angezogene junge Frau interessierte, sondern nur auf die Sportlerin reagierte. Jede von ihnen hatte durch ihr Äußeres eine ganz bestimmte Aussage gemacht, aber die Aussage, die ihn beeindruckte, war die, mit der er sich am ehesten identifizieren konnte. Die Läuferin paßte in das Bild, was ihm selbst wichtig war – Sport, Gesundheit, natürliches Aussehen oder was auch immer.»

Bestimmte Aussagen

Schöne Menschen

Ist Schönheit bei Frauen und gutes Aussehen bei Männern verantwortlich, wenn der Funke überspringt? Haben gutaussehende Menschen einen Vorteil vor durchschnittlichen oder unattraktiven Menschen, wenn es um Sex geht?

Beweise sprechen dafür und zeigen, daß sie auch auf anderen Gebieten des Lebens besser abschneiden. Es gibt ein echtes Vorurteil, was schöne Menschen bevorzugt. Dr. Karen Dion und ihre Mitarbeiter beschreiben ein Experiment, in dem sie Fotos von attraktiven, durchschnittlich aussehenden und unattraktiven Menschen zusammenstellten und sie einer großen Gruppe von Männern und Frauen vorlegten. Die Gruppe wurde gebeten, die Bilder danach zu sortieren, wie sie die Persönlichkeiten der Dargestellten einschätzten.

Vorurteile

Die attraktiven Menschen wurden für wärmer und sexuell ansprechbarer gehalten, sie wären einfühlsamer, freundlicher, stärker, interessanter, anmutiger, wären be-

Schön = einfühlsam und erfolgreich?

87

scheidener, gern mit anderen zusammen und extrovertierter. Sie würden bessere Stellungen bekommen, wären die besseren Ehepartner und führten glücklichere Ehen als die unscheinbaren oder häßlichen Menschen.

Wir können daraus schließen, daß ganz allgemein gutaussehende Menschen für begehrenswerter und interessanter gehalten werden. Wir sind in unserem Urteil beeinflußt durch die sexuelle Anziehungskraft, die von ihnen ausgeht. So wird offensichtlich, warum wir alle versuchen, uns äußerlich so attraktiv wie möglich darzustellen.

Dr. Dion hat noch einen anderen Aspekt des Schönheitsempfindens untersucht. Sie stellte fest, daß wir schon seit frühester Kindheit Schönheit mit Güte in Verbindung bringen. Wir neigen dazu, das Verhalten eines Kindes nach seinem Aussehen zu beurteilen. Wenn ein Kind hübsch ist, dann sind wir nachgiebiger, als wenn es häßlich ist. Wir finden Entschuldigungen für niedliche Kinder, wir vergeben ihnen leichter, und wir erwarten, daß sie es im Leben weit bringen werden. Einer Art von Gehirnwäsche werden Kinder schon frühzeitig ausgesetzt: Da gibt es das Märchen von der schönen, lieben Prinzessin und das von der häßlichen Hexe, von dem guten, schönen Aschenputtel und ihren bösen, häßlichen Schwestern. Gute Menschen sind schön, schlechte häßlich.

Ein Rechtsanwalt erzählte uns, daß die Tendenz, attraktive Menschen milder zu beurteilen, bis in den Gerichtssaal wirksam ist. «Ich habe es nicht genau untersucht», meinte er, «und ich kann auch keine Fakten und Zahlen nennen, aber ich und auch meine Kollegen wissen, daß die Geschworenen meistens sanfter mit einem gutaussehenden Verbrecher umgehen und daß sogar Richter sie besser behandeln. Es kommt auf den äußeren Eindruck an. Ich achte darauf, daß meine Klienten sorgfältig und bescheiden gekleidet sind, aber niemals schäbig. Die Männer müssen einen ordentlichen Haarschnitt haben und rasiert sein. Ich versuche sie davon zu überzeugen, sich Bärte und Schnurrbärte abzurasieren. Meine weiblichen Klienten müssen einfache Kleider in dunklen Farben tragen, die am Hals hochgeschlossen sind und lange Ärmel haben.

Die schöne Prinzessin und die häßliche Hexe

Selbst die Geschworenen

Ihre Frisuren sind schlicht, sie tragen nur wenig Make-up und kaum Schmuck. Ich weiß, das klingt verrückt, aber die Geschworenen sind bestimmt zu 50 Prozent davon beeinflußt, wie der Angeklagte aussieht, weniger von dem, was er oder sie sagt oder getan hat.» Er zögerte einen Moment. «Eine Warnung: man darf attraktiv allerdings nicht mit sexy verwechseln. Wenn jemand offensichtlich sexy ist, dann reagieren die Geschworenen häufig negativ.»

Leicht zu beeinflussen

Harold Sigall und Nancy Ostrove von der Universität in Maryland haben Untersuchungen durchgeführt, deren Ergebnisse unserem Rechtsanwalt recht zu geben scheinen. Studenten wurden aufgefordert zu urteilen, wie eine Verbrecherin bestraft werden sollte. Einigen gab man das Bild einer sehr attraktiven Frau, die angeblich das Verbrechen begangen hatte, und einer anderen Gruppe ein Bild derselben Frau, die aber durch Make-up und Verkleidung sehr unattraktiv aussah.

Wie vorherzusehen, fiel die Bestrafung für die hübsche Frau sehr viel milder aus als für die häßliche. Man kann daraus zwei Schlüsse ziehen: Attraktiven Menschen wird weitaus mehr nachgesehen als unattraktiven und zweitens, und das ist viel wichtiger, wir können auf die gleiche Person positiv oder negativ reagieren, je nachdem, wie sie sich zurechtgemacht hat.

Mildes Urteil für hübsche Frau

Wie wir in der Welt vorankommen, oder ob wir eine sexuelle Ausstrahlung haben, hängt weniger von dem Aussehen ab, das wir von der Natur mitbekommen haben, als davon, wie wir uns kleiden, wie wir unser Haar tragen, wie wir uns schminken (wenn es sich um Frauen handelt), und was das Wichtigste ist, was für einen Gesichtsausdruck wir haben. Ein einfaches Lächeln kann Wunder wirken, wenn es darum geht, einen guten Eindruck zu machen. Ein unfreundliches Gesicht stößt ab.

Schön = attraktiv?

Als wir mit Dr. Offit über diese Schlußfolgerungen sprachen, sagte sie: «All das kann schon stimmen, aber Attraktivität ist eine sehr subjektive Angelegenheit. Was für einen attraktiv ist, ist für den anderen langweilig. Sie müssen sich Attraktivität noch etwas genauer ansehen, bevor Sie Ihre Schlüsse ziehen können.»

Wir fanden heraus, daß Attraktivität weitaus leichter empfunden als beschrieben werden kann. Blondes Haar ist dort vielleicht interessant, wo die meisten Menschen dunkelhaarig sind. In Südamerika ist es ein wichtiges Schönheitsmerkmal, aber in Skandinavien, wo viele Menschen blond sind, beeindrucken die Dunkelhaarigen, und ein dunkler Teint ist sehr gefragt.

Aber davon einmal abgesehen, die meisten Menschen sind sich darüber einig, was attraktiv ist und was nicht. Wir stellten das fest, als wir einer großen Gruppe von Bekannten zwanzig Bilder zeigten, die wir vorher als attraktiv oder unattraktiv eingestuft hatten. Die Abweichungen in den Ansichten waren nur gering, und Männer und Frauen waren sich im allgemeinen einig, welche Gesichter man hübsch und welche man unansehnlich fand.

Dieselbe Übereinstimmung findet man allerdings nicht, wenn es sich statt um Bilder um den Menschen selbst handelt. Dann werden andere Faktoren wichtig: wie sich ein Mensch hält, wie beweglich oder unbeweglich sein Gesichtsausdruck ist, ob er gern lächelt oder lieber die Stirn runzelt.

Anfängliche Gleichgültigkeit führt zum Ziel

Henry, ein junger, nicht besonders gut aussehender Mann, berichtete uns, daß er eine bombensichere Methode bei Frauen habe, die auf einem merkwürdigen Widerspruch im Selbstwertgefühl beruhe. «Zu Anfang behandle ich sie beinahe mit Verachtung. Ich bin unhöflich, ich mache keine Komplimente und verhalte mich gleichgültig, egal, um wen es sich handelt.»

«Haben Sie denn damit jemals Erfolg?» fragten wir überrascht.

«Das ist nur der erste Schritt bei dem, was ich meine Herzensbrecher-Methode nenne. Das nächste Mal, wenn ich mit ihr zusammenkomme, bin ich sehr viel netter, und beim drittenmal überhäufe ich sie mit Aufmerksamkeit, und glauben Sie mir, es funktioniert!»

Die Erklärung, warum Henrys Herzensbrecher-Methode wirkt, kann man in einer Untersuchung finden, die von Dr. Elliot Aronson und Dr. Darwyn Linden durchgeführt wurde. Sie verglichen die Wirkung, die ein dauerndes Nettsein oder ein dauerndes Unfreundlichsein auf Menschen hatte und auch, was passierte, wenn man anfangs nett, dann aber unfreundlich oder umgekehrt war. Sie fanden heraus, daß ein Mensch, der immer freundlich war, zwar eine gewisse sexuelle Ausstrahlung hatte und daß natürlich nette Menschen, die plötzlich garstig wurden, in keiner Weise als sexy bezeichnet wurden. Wenn man aber erst unfreundlich und dann netter wurde, dann wurde da sehr viel mehr sexuelle Spannung erzeugt als bei denen, die immer nett waren. Henry war zufällig auf eine grundlegende Wahrheit gestoßen: Die Menschen werden uns am liebsten, die wir meinen davon überzeugen zu können, daß wir ihrer Zuneigung wert sind. Wenn sie uns das erste Mal gleichgültig begegnen, uns dann aber anfangen zu mögen, wenn sie uns besser kennenlernen, dann sind wir überzeugt, daß wir sie beeinflussen können. Wenn sie uns langsam liebgewinnen, dann muß es ja schließlich etwas mit uns selbst zu tun haben. Es ist sehr schmeichelhaft, wenn man jemanden dahin bringen kann, einen zu mögen; es bedeutet mehr, als wenn man gleich von Anfang an gemocht wird und ist sicher auch in sexueller Hinsicht spannender.

Gleichbleibende Freundlichkeit ist langweilig

Sich um Zuneigung bemühen

Diane wandte diese Methode an, ohne daß es ihr bewußt war. «Ich glaube, das hat damit zu tun, wie ich aufgewachsen bin», meinte sie. «In unserer Familie zeigte man seine Gefühle nicht besonders offen, und Zärtlichkeiten wurden erst dann ausgeteilt, wenn man sicher war, daß sie der andere auch verdiente. Ich behandle auch die Männer, die ich kennenlerne, so. Und komischerweise habe ich damit Erfolg.»

Sich Zärtlichkeit verdienen

Diane hatte Luke bei einem Konzert kennengelernt. «Er war mit ein paar Freunden gekommen, und ich merkte schon, daß er mich immer ansah und wegblickte, wenn ich ihn anschaute. Als wir einander in der Pause vorgestellt wurden, war ich sehr kühl und etwas abweisend, obgleich er mich wirklich interessierte. Aber meine Freunde hatten mir schon von ihm erzählt, daß er nämlich ein richtiger Casanova sei und ich aufpassen solle. Deshalb war ich sehr mißtrauisch, als ich ihn kennenlernte.»

«Ich mochte ihr Äußeres.» Luke grinste. «Und als sie sagte ‹oh, von Ihnen habe ich schon gehört›, auf diese kühle Weise, wurde ich sehr neugierig. Vielleicht hätte ich mich sonst gar nicht um sie bemüht. Sie war so zurückhaltend und gleichgültig. Ich bin daran gewöhnt, daß Frauen ihr Interesse an mir zeigen, aber dieses lässige ‹Ich habe schon von Ihnen gehört› war eine richtige Herausforderung. Ich rief sie ein paar Tage später an und bat sie um eine Verabredung. Sie stimmte zögernd zu, aber im Lauf des Abends wurde sie zugänglicher, und ich dachte, aha, sie kann meinem Charme also doch nicht widerstehen. Als wir uns das dritte Mal trafen, da war sie dann schon ganz sie selbst, warmherzig und witzig. Wichtig war für mich, daß ich derjenige war, der ihre harte Schale durchbrochen hatte. Ich hatte ihre Zuneigung gewonnen.» Diane hatte unbeabsichtigt Lukes sexuelles Selbstwertgefühl gestärkt. Der Mann, der das Herz der Eiskönigin schmelzen kann, muß schließlich mehr Mann sein als jeder andere!

Dr. Bernard Murstein vom Connecticut College wollte herausfinden, wie unser eigenes sexuelles Selbstbewußtsein die Wahl eines Partners beeinflußt. Er testete ungefähr hundert verlobte Paare, die einen Fragebogen auf vier verschiedene Weisen ausfüllen mußten: einmal für sich selbst, so wie sie wirklich waren; zweitens, so wie sie gern sein würden; drittens, wie ihr Partner ihrer Meinung nach wirklich war; und viertens, wie sie sich ihren idealen Partner vorstellten. Wieviel sexuelles Selbstbewußtsein sie besaßen, wurde daran abgelesen, wie groß der Unterschied zwischen dem wahren und dem idealen Selbst war. Diese Untersuchungen zeigten, daß Menschen mit einem größeren sexuellen Selbstbewußtsein Partner auswählen, die ihrem Ideal näher sind als Menschen mit einem weniger ausgeprägten sexuellen Selbstbewußtsein.

Herausforderung

Stärkung des sexuellen Selbstwertgefühls

Selbstbewußt den Partner wählen

Ein gesundes sexuelles Selbstbewußtsein und der Glauben an die eigene sexuelle Attraktivität sind notwendig, um auf andere sexuell anziehend zu wirken.

Anziehend oder abstoßend

Egal, wie selbstbewußt du bist und wie sicher du dich auf sexuellem Gebiet fühlst, es liegt immer noch an dir, dich so zu geben, daß du attraktiv und sexuell anziehend auf andere wirkst. Ben ist jung und ohne feste Partnerin; er berichtete, daß er es beinahe aufgegeben hat, in Bars oder auf Parties eine Frau zu finden. «Ich finde mich eigentlich ganz gut, und wenn ich ausging, dann habe ich mir immer große Mühe gegeben, Eindruck zu machen. Ich zog mich sorgfältig an, immer Anzug, Hemd und Schlips, und wenn ich dann in eine dieser Bars kam, die in ist, wurde ich vollkommen ignoriert. Es war ausgesprochen deprimierend, und schließlich sagte ich mir, was zum Teufel soll das und hörte auf, in diese Bars und auch zu Parties zu gehen. Eines Abends machte ich einen Spaziergang und kam zufällig an einem dieser Lokale vorbei, die gerade ‹in› waren. Ich hätte gern einen Schluck getrunken, zögerte aber, weil ich nur Jeans und ein altes Jackett anhatte. Dann sagte ich mir, ist doch auch egal, mich wird sowieso niemand bemerken, und ging hinein. Ja, Sie haben es schon erraten. Plötzlich sprach mich eine Frau an und unterhielt sich mit mir auf eine natürliche, freundliche, offene Weise. Zuerst dachte ich, es läge an dieser bestimmten Kneipe, aber dann wurde mir klar, daß das nichts damit zu tun hatte. Es war die etwas nachlässige Art, in der ich angezogen war. Ich gehörte auf einmal dazu. Ich hatte wegen meiner Kleidung vorher einfach zu steif gewirkt, und ich weiß nicht, warum mir das nie aufgefallen war.»

Wir dachten über Bens Erfahrungen nach und befragten eine Reihe von jungen Männern und Frauen, was sie bei einer Begegnung mit dem anderen Geschlecht anziehend und was sie abstoßend fänden.

Jeder kann sexuell anziehend sein

Sei du selbst!

Die Frauen und Männer hatten alle keinen festen Partner; die Frauen waren Ende Zwanzig, die Männer Anfang Dreißig. Wir sprachen mit jeder Gruppe separat, damit sie sich nicht gegenseitig beeinflussen konnten. Als erstes sprachen wir mit den Frauen über männlichen Sexappeal: Was finden Sie anziehend bei Männern, worauf reagieren Sie negativ?

Männlicher Sexappeal

Die meisten dieser jungen Leute gingen regelmäßig in Kneipen oder andere Lokale, wo sich Männer und Frauen zwanglos kennenlernen können.

«Ich kann es einfach nicht ausstehen, wenn einer sich aufdrängt, wenn er seine vorher ausgedachten Sätze anbringt und zu schnell etwas erreichen will», sagte eine der jungen Frauen nachdrücklich. Die anderen stimmten ihr zu. «Wir ziehen den vor, der etwas lässig ist, der einfach nur so zufrieden dasitzt. Dasselbe gilt auch für Parties oder andere Zusammentreffen. Wir finden es gut, wenn sich einer zwanglos mit dem Mann hinter der Bar oder mit dem Gastgeber unterhalten kann, wenn er sich in seiner Umgebung einfach wohl fühlt.»

Entspannt und zwanglos

«Was ich nicht ausstehen kann», sagte eine andere, «ist jemand, der dauernd nach neuen Eroberungen Ausschau hält, der sich mit dir unterhält und sich dabei schon nach anderen Frauen umsieht. Der Mann, der dir dagegen ins Gesicht sieht, wenn er mit dir spricht, wirkt sehr attraktiv.»

«Ich mag es nicht, wenn er zu ernst aussieht», meinte eine junge Frau. «Nichts ist schlimmer in einer Kneipe, bei einer Party oder sonst einem gesellschaftlichen Zusammensein, wenn da einer todernst in der Ecke sitzt. Ich weiß, daß viele Männer es für echt männlich halten, wenn sie keine Gefühle zeigen, aber sie sehen nicht, wie unattraktiv sie wirken. Sie strahlen Trübsinn und Untergangsstimmung aus, und wer ist darauf scharf? Ich ziehe immer einen vor, der lächeln kann.»

Weiblicher Sexappeal

Als die Männer befragt wurden, was sie bei einer Frau attraktiv finden, war für ein Drittel von ihnen wichtig, wie die Frau auf sie reagierte. «Ich mag das Gefühl, daß ich auf sie wirke, daß sie mich kennenlernen möchte.» – «Ich möchte eine aufmerksame Frau, eine, die mich wissen läßt, daß sie mich anziehend findet.» – «Ich suche eine Frau, die sich für mich interessiert, die etwas von mir wissen möchte.»

Interesse am anderen

Ein anderes Drittel reagierte auf körperliche Merkmale. Die Frauen schienen im allgemeinen mehr Wert auf das *Verhalten* der Männer zu legen, die Männer mehr auf das *Aussehen* der Frauen. «Das Gesicht und die Figur einer Frau sind für mich wichtig.» – «Ich mag eine Frau mit einer guten Figur.» – «Ihr Aussehen.»

Gutes Aussehen

Das letzte Drittel sprach von der Persönlichkeit der Frau, von Sinn für Humor, von Intelligenz und Feingefühl. Sie mochten Frauen, die ungezwungen, entspannt und eher zurückhaltend waren.

Humor und Intelligenz?

Für Frauen schien es wichtig zu sein, wie sich der Mann kleidete. Keine von ihnen fand den typischen Geschäftsmann attraktiv, der mit Anzug, Weste und Schlips auftauchte. «Das wirkt zu steif und gehört ins Büro; wenn sie schon direkt vom Büro hierherkommen, dann können sie wenigstens Weste und Schlips ausziehen und den obersten Kragenknopf aufmachen.» Männer in Jeans mit legeren Jacken und Pullovern wurden vorgezogen.

«Dadurch wirkt er sportlich und gesund.» Sportlich und gesund waren wichtige Bedingungen. «Bloß keine Zigaretten. Sie sind abscheulich und ungesund. Wenn einer schon unbedingt rauchen muß, dann höchstens eine Pfeife oder hin und wieder eine kleine Zigarre.»

Sportlicher Typ

Bei unserer Unterhaltung wurde deutlich, daß «gesund sein» gleichgesetzt wurde mit Lebhaftigkeit, Munterkeit, damit, daß man Gesicht und Körper bei einem Kennenlernen sprechen ließ, daß man Gefühl und seinen Sinn für Humor zeigen konnte. So kann durchaus auch ein unattraktiv aussehender Mann interessant wirken. Lebhafte, gesunde Menschen geben einem das Gefühl, daß sie mitten im Leben stehen.

Lebhaft und lebensbejahend

Keiner der Männer, die wir befragten, mochte es, wenn Frauen rauchten. Sie durfte schon mal einen Schluck trinken, solange es nicht zuviel wurde. Für die Frauen war es wichtiger, *was* die Männer tranken. «Hochprozentige Getränke sind ungesund», fanden sie. Am liebsten sahen sie es, wenn ein Mann ein importiertes Bier bestellte. Weißwein wirkte zu unmännlich, und Cognac im Schwenker fanden sie zu gewollt.

Schmuck an einem Mann fand keine Gnade, und keine der Frauen mochte Männer mit Goldketten. Die Männer dagegen fanden es schön, wenn eine Frau Schmuck trug, «solange sie nicht überladen wirkte». Einige fanden, Make-up sollte nur sehr sparsam, wenn überhaupt angewendet werden, aber genauso viele hatten nichts gegen Make-up, solange es mit Geschmack aufgetragen war. «Das Aussehen einer Frau soll dadurch nicht verzerrt, sondern verbessert werden.»

Sparsames Make-up

Frauen fanden Bärte und Schnurrbärte attraktiv. Ein Mann sollte sein Haar pflegen, aber Kahlköpfigkeit wurde auch akzeptiert. Aber – wie eine es ausdrückte: «Ich finde es einfach zu furchtbar, wenn ein Mann sein weniges Haar versucht von einer Seite bis auf die andere zu kämmen. Wenn er kahl ist, dann soll er dazu stehen; es kann schließlich auch sexy wirken. Man denke nur an Telly Savalas und Yul Brynner.»

Natürlichkeit

Die meisten Männer mochten es, wenn die Frisur einer Frau natürlich wirkte und nicht offensichtlich gebleicht oder gefärbt war. «Haar muß fließend aussehen», meinte einer; die meisten fanden langes Haar schön und kurze krause Haarschnitte weniger attraktiv. Nur einige der Männer zogen Blonde vor, womit sich ein altes Vorurteil als unwahr herausstellte!

Die meisten Frauen wollten einen Mann, der denken konnte und nicht nur so tat als ob. Unbegründete Schmeichelei fanden sie unangenehm, ebenso wenn immer wieder dieselben alten Floskeln beim Kennenlernen verwendet wurden. Gut fanden sie, wenn der Mann etwas an ihnen bemerkte, was offensichtlich und wahr war: «Sie haben schöne Augen» oder «Sie können so schön lächeln». Es mußte etwas sein, was die Frau glauben konnte und was bewies, daß der Mann sie wirklich als ganze Person sah.

Die ganze Person

Männer mochten es, wenn Frauen unkompliziert und

96

gewinnend sind, freundlich, ohne dabei aggressiv oder schüchtern zu sein. Sie wollten eine Frau, mit der sie sich wohl fühlen konnten, die sie nicht nach Informationen «ausholte». *Unkompliziert und freundlich*

Was sich bei diesen Gesprächen mit Männern und Frauen herauskristallisierte, war, daß sich eine sexuelle Anziehung am ehesten dort entwickelte, wo der Partner natürlich und unkompliziert war, etwas abwartend vielleicht, ein Partner, der nicht zu große Ansprüche stellte, der sich einigermaßen konservativ kleidete, aber attraktiv wirkte. Eine Frau sollte weiblich wirken, ein Mann männlich, ohne «macho» zu sein.

Was beide Geschlechter für abstoßend hielten, wodurch eine sexuelle Anziehung erschwert wurde, waren Dinge, die zu auffällig waren, zu berechnend kalkuliert oder zu aufdringlich. Bei Männern und Frauen gab es den Widerspruch, daß man jemand Besonderen suchte, der aber trotzdem in den Rahmen paßte; jemand, der auffiel, aber trotzdem vertraut war; jemand, der anderen mit Feingefühl begegnete, auf der anderen Seite sich aber seiner Sexualität bewußt war und genug Selbstbewußtsein besaß, daß er seine eigenen Bedürfnisse kannte. *Widersprüchliche Wünsche*

Risiken eingehen

Stärke dein Ich

Obgleich sich Männer und Frauen, junge und alte Menschen, Reiche und weniger Begüterte weitgehend darüber einig sind, was man bei dem anderen attraktiv findet, so gehen die Meinungen enorm auseinander, wenn es darum geht, was wir an uns selbst anziehend finden. Wir sehen uns nicht, wie andere uns sehen. Wir übersehen unsere Fehler ebenso wie unsere guten Seiten. Das Problem ist, daß wir uns selbst zu gut zu kennen meinen.

Mit sich selbst ehrlich sein

Norman Cavior ging in seiner Dissertation diesem Problem nach und stellte fest, daß von einer Gruppe Schülerinnen 75 Prozent meinten, daß sie in ihrer Klasse zu den unattraktiven gehörten. Winzige Fehler nahmen für diese Mädchen solche Proportionen an, daß sie nicht sehen konnten, daß die anderen genauso viele Fehler hatten wie sie selbst.

Wenn kleine Mädchen dann erwachsen werden, ändert sich an dieser Ansicht nicht viel. Wenn du einer Frau ein Kompliment wegen ihrer Frisur oder wegen ihres Kleides machst, dann wird sie beinahe automatisch einen Weg finden, wie sie das Kompliment abschwächen kann. «Ich muß meine Haare wirklich waschen, eigentlich hatte ich zum Friseur gehen wollen.» – «Ach, dieses alte Ding? Ich habe es schon jahrelang im Schrank hängen.»

Kann man das Bild, was man von sich selbst hat, verbessern? Gibt es Wege, wie man ein stärkeres Ich entwickeln kann? Oder sind wir dazu verdammt, dieses Bild von uns selbst unser ganzes Leben lang mit uns herumzutragen?

Rückkopplung der Körpersprache

Wir können das Bild, das wir von uns selbst haben, verändern. Einmal durch die Rückkopplung der Körpersprache. Jeder von uns gebraucht eine bestimmte Körpersprache, die unserer Persönlichkeit entspricht. Man kann an zögernden Gesten erkennen, wenn ein Mensch ängstlich und unsicher ist, erkennt einen deprimierten Menschen an seiner gebeugten Körperhaltung. Ein selbstbewußter Mensch hält sich aufrecht, sitzt auf eine offene und interessierte Weise da, hat keine Angst vor Blickkontakt, lächelt bereitwillig und hat keine Hemmungen, seine Gefühle zu zeigen.

Wenn du dein Selbstbild ändern möchtest, dann kannst du die Körpersprache eines selbstbewußten Menschen nachahmen. Wenn du das häufig genug machst, dann wird dieses Selbstbewußtsein auf dich abfärben; du fängst an, diese Sicherheit zu deiner eigenen zu machen, wirst selbstsicherer und kannst dann wiederum auch selbstbewußter handeln. Ein Rückkopplungsmechanismus ist in Bewegung gesetzt: die Körperhaltung, die du bewußt einnimmst, hat Einfluß auf deine Persönlichkeit, und deine gestärkte Persönlichkeit hat dann wieder Einfluß auf die unbewußte Körperhaltung. *Körpersprache ändern*

Einfluß auf die Persönlichkeit

Zu Anfang tust du nur so, als ob du selbstbewußt seist, aber nach einer Weile wird es immer weniger Verstellung; du machst allmählich eine echte Wandlung durch und wirst selbstsicherer. Die Veränderung ist zu Anfang vielleicht gering, aber stetig, und wenn du diese Methode eine Zeitlang anwendest, dann wird dein inneres Selbst auch stärker und sicherer werden. Psychologen haben diese Methode erfolgreich bei depressiven Patienten angewandt und bei solchen, die eine schlechte Meinung von sich selbst hatten.

Du kannst dein inneres Selbst noch auf andere Weisen stärken; eine der erfolgreichsten ist: *Risiken eingehen*. Bert ist ein klassisches Beispiel für jemanden, der sich nicht traute, Risiken einzugehen, einfach etwas zu versuchen. Diese Schwierigkeiten traten nicht beruflich auf, da war er sehr erfolgreich, sondern in seinem Privatleben. *Etwas riskieren*

«Im Moment habe ich diese Schwierigkeiten mit Margot», berichtete er uns. «Ich habe sie beim Joggen kennengelernt. Wir laufen beide jeden Morgen zur selben Zeit auf dem Sportplatz hinter der Schule, und wir unterhalten uns, während wir laufen. Margot hat so ein gewisses Etwas, das mich gleich sehr gefangennahm. Vielleicht ist es ihr wildes, rotes Haar, dann wie sie läuft ... Jedenfalls würde ich rasend gern mit ihr ausgehen, aber ich habe einfach nicht den Mut, sie zu fragen.»

«Warum denn nicht?» fragten wir. «Was kann denn schon Schlimmes passieren? Sie bitten sie, und sie sagt nein. Wäre das so schlimm?»

Angst vor Miß-erfolg

Bert sah bedrückt aus. «Wenn sie aber nein sagt, dann wäre mir das sehr peinlich, und ich würde mich nicht trauen, sie je wiederzusehen.»

«Aber das wirst du doch auch aushalten!»

«Aber warum soll ich das riskieren? So wie es jetzt ist, haben wir Spaß daran, miteinander zu laufen. Wenn ich sie um eine Verabredung bitte, und sie sagt nein, dann ist alles aus.»

Die Angst, abgewiesen zu werden, ist ein großes Hindernis. Bert war Anfang Zwanzig und hatte sein Leben lang Angst davor gehabt, ein Risiko einzugehen, bei dem die Möglichkeit bestand, abgewiesen und dadurch verletzt zu werden. Nachdem er mit uns gesprochen hatte, nahm Bert seinen ganzen Mut zusammen und bat Margot um eine Verabredung. Zu seinem Entsetzen sagte sie nein, zwar sehr sanft, aber es blieb ein Nein.

Abgewiesen und verletzt

«Ich dachte, ich würde sterben», meinte Bert. «Ich kam mir so erniedrigt vor, am Boden zerstört. Ich hatte etwas angeboten und war abgewiesen worden. Ich litt eine ganze Woche lang. Ich ging sogar eine Stunde früher zum Laufen auf den Sportplatz, nur um Margot aus dem Weg zu gehen, und auf diese Weise habe ich dann Shelly kennengelernt.»

Shelly lief auch regelmäßig. «Sie war intelligent und witzig, und ich verliebte mich in sie», erzählte uns Bert. «Aber ich stand wieder vor dem Problem: Sollte ich es wagen und sie um eine Verabredung bitten? Gerade wo ich doch diese furchtbare Erfahrung mit Margot gemacht hatte. Dann aber fragte ich mich: Wie schlimm war das denn wirklich gewesen? Ich hatte es überlebt und fand Shelly genauso anziehend wie Margot, vielleicht sogar noch anziehender. Und so fragte ich sie, und sie sagte ja, gerne. Und heute abend gehen wir zum erstenmal zusammen aus.»

Dennoch wagen!

Bert hatte gelernt, daß man es überleben kann, abgewie-

sen zu werden, daß man trotzdem ein normales, zufrie-
denstellendes Leben führen kann. Die Wahrscheinlichkeit, daß Shelly ihn abweisen würde, war vorhanden.
Aber selbst wenn sie nein gesagt hätte, er wußte jetzt, daß   *Mißerfolge aus-*
er es überleben würde.   *halten*

Teste deine Risikobereitschaft

Es ist erstaunlich und auch traurig, wie viele intelligente
und talentierte Menschen ihr Leben einsam und allein verbringen, statt eine Bindung und Liebe zu riskieren. Sie
ähneln dem Menschen, der sich umbringt, weil er den Gedanken an den Tod nicht aushält, oder dem Schriftsteller,
der nie veröffentlicht, weil er Angst vor den Kritikern hat,
oder dem Maler, der Angst hat weiterzumalen, weil er ja
doch nie so gut werden kann wie andere.

Die Angst vor dem Risiko kann nur zum Stillstand und   *Angst vor dem*
in eine Sackgasse führen. Wir gehen meistens durchs Le-   *Risiko*
ben und wägen die Vor- und Nachteile einer Situation ge-
geneinander ab, bevor wir entscheiden, ob sich das Risiko
lohnt. Unser eigenes inneres Gefühl ist im allgemeinen
stark genug und erlaubt uns, ein gewisses Risiko einzuge-
hen, wenn sich das Ziel lohnt. Aber es gibt viele Men-   *Das Ziel lohnt*
schen, die sich vor jedem Risiko fürchten, und andere, die
innerlich viel durchmachen, bevor sie etwas riskieren.

Wie kannst du deine eigene Risikobereitschaft erkennen
und feststellen, ob sie stark genug ist? Überlege einfach,
wie oft du Risiken eingehst. Wie leicht fällt es dir, und wie
ungern entscheidest du dich?

Es gibt ein ganzes Spektrum von Risiken; auf der einen
Seite den hoffnungslosen Spieler, der alles riskiert, und auf
der anderen den ängstlichen, introvertierten Menschen,
der nichts probiert. Wenn eine ehrliche Selbsteinschät-
zung zu schwierig ist, kann der folgende Test dir zeigen,
wie es um deine innere Risikobereitschaft bestellt ist.
Zehn Situationen sind hier aufgezeichnet; in jeder kannst
du dich für A., B. oder C. entscheiden.

Es ist wichtig, daß du ganz ehrlich antwortest, keine Fragen stellst und auch nicht überlegst, was *moralisch* richtig, was gut oder schlecht wäre. Es gibt keine richtige Antwort. Konzentriere dich in deiner Antwort nur darauf, was du tun würdest. Niemand wird deine Antwort sehen, und du gehst nur das Risiko ein, daß du dich selbst besser verstehst.

1. Du bist eine Frau und kaufst dir, ohne lange zu überlegen, einen Rock mit einem aufregenden Schlitz; oder du bist ein Mann und kaufst dir, genauso spontan, ein auffallendes Hemd.
   A. Du beschließt, den Rock / das Hemd zur Arbeit anzuziehen.
   B. Du ziehst es nicht zur Arbeit an, sondern nur, wenn du ausgehst.
   C. Du bringst das Kleidungsstück am nächsten Tag in den Laden zurück und fragst dich, warum um Himmels willen du das überhaupt gekauft hast.

2. Du begegnest im Flugzeug einem(r) Fremden, der / die attraktiv ist, aber du kennst ihn / sie sonst überhaupt nicht. Er / sie schlägt vor, daß ihr doch zusammen essen solltet.
   A. Ja, gern. Du findest ihn / sie nett; vielleicht habt ihr einen schönen Abend.
   B. Du schlägst vor, daß ihr mit einem anderen Paar zusammen ausgeht, das du kennst.
   C. Auf keinen Fall.

3. Du bist mit ein paar Leuten zum Abendessen eingeladen. Bei Tisch erwähnt jemand den Namen eines Schriftstellers, von dem du noch nie gehört hast, und alle fangen an, über ihn zu sprechen.
   A. Du fragst, wer es ist und was er geschrieben hat.
   B. Du äußerst dich nicht direkt zum Thema, damit deine Unwissenheit nicht auffällt, und hoffst, daß dir irgendwann eine Erleuchtung kommt.
   C. Du sagst überhaupt nichts, bis das Thema gewechselt wird.

4. Dein Chef gibt dir einen Auftrag, den du für völlig verkehrt hältst.

    A.   Du äußerst deine Zweifel und sagst ihm die Gründe.

    B.   Du führst aus, was von dir verlangt wurde, aber läßt dir eine Hintertür offen für den Fall, daß sich herausstellen sollte, was für ein Unsinn das war.

    C.   Du tust, wie verlangt, aber quälst dich den ganzen Tag. Was, wenn es herauskommt und man dich für alles verantwortlich macht?

5. An der Kasse des Supermarktes, wo du immer einkaufst, steht eine unverschämte Verkäuferin, die den Kunden vor dir dumm anredet. Als du an der Reihe bist, berechnet sie dir 25 Pfennig zuviel.

    A.   Du weist sie darauf hin; falls sie frech wird, verlangst du, ihren Chef zu sprechen.

    B.   Sie ist wirklich unverschämt, und du willst dich nicht mit ihr anlegen. Da sie dir aber etwas falsch berechnet hat, nimmst du den Kassenzettel, gehst zum Chef und beschwerst dich.

    C.   Was soll's, es handelt sich ja nur um ein paar Pfennige. Es lohnt sich nicht, daß du dich deshalb beschimpfen läßt. Schwamm drüber.

6. Du bist bei einer großen Cocktailparty, und wie du so mit deinem Glas in der Hand dastehst, fällt dir auf, daß du keine Seele kennst.

    A.   Du gehst auf jemanden zu, der interessant aussieht, sagst: Hallo, ich bin Soundso und fängst ein Gespräch an.

    B.   Du siehst dich nach der Gastgeberin um und bewegst dich in ihre Richtung, in der Hoffnung, daß sie dich mit jemandem bekanntmacht.

    C.   Du stehst etwas unschlüssig herum und wartest darauf, daß dich jemand anspricht.

7. Du stehst in einer Schlange vor einem Kino; als du dich umdrehst, um mit der Person hinter dir zu sprechen, drängelt sich einer vor.

A. Du tippst dem Fremden auf die Schulter und sagst: Hören Sie mal, ich war zuerst da. Wenn Sie sich vordrängeln wollen, dann versuchen Sie es irgendwo hinter mir.

B. Er sieht nicht sehr vertrauenswürdig aus, aber du warst schließlich zuerst da. Mit lauter Stimme sagst du also zu deinem Freund hinter dir, was du von Leuten hältst, die sich vordrängeln.

C. Du bist sowieso schon beinahe an der Kasse und wirst sicher einen guten Platz bekommen. Warum also einen Streit riskieren?

8. Du hast diesen wunderbaren Menschen kennengelernt. Sexuell paßt ihr gut zusammen, und du bist sicher, daß ihr ineinander sehr verliebt seid. Ihr habt auch übers Heiraten gesprochen, aber das Problem ist, daß ihr verschiedenen Religionen angehört.

A. Ihr seid verliebt, und irgendwie wird es schon gehen. Viele Mischehen gehen gut.

B. Warum soll man heiraten, wenn man auch eine Affäre haben kann? Wir können doch eine Weile zusammenleben.

C. Wir sollten unsere Verbindung so schonend wie möglich lösen.

9. Du hast einen neuen Freund/Freundin, und ihr seid zusammen eingeladen. Während der Unterhaltung fällt dir plötzlich auf, daß die anderen Leute alle völlig andere politische Ansichten haben als du.

A. Du verteidigst deine Ansichten, ohne zu zögern.

B. Du nimmst an der Diskussion teil, ohne deine eigenen Ansichten deutlich zu machen.

C. Du sagst gar nichts und hoffst, daß das Thema gewechselt wird.

10. Ihr seid mit Freunden zusammen ausgegangen, und deine neue Liebe macht eine Bemerkung, die dir extrem peinlich ist.

A. Du stellst offen in Frage, was er/sie gesagt hat.

B. Du sprichst später mit ihm/ihr darüber.
C. Du übergehst es. Warum solltest du deine neue Beziehung damit belasten?

Auswertung:
Du bekommst 10 Punkte für jede A-Antwort, vorausgesetzt, du warst ganz ehrlich mit dir selbst, 8 Punkte für jede B-Antwort und 6 Punkte für jede C-Antwort. Wenn du zwischen 80 und 100 Punkten hast, dann bist du eine Spielernatur, und deine Risikobereitschaft ist groß. Bei 70 bis 80 Punkten nimmst du ein vernünftiges Maß von Risiko auf dich, wenn es nötig ist; deine Risikobereitschaft ist mittelgroß. Liegst du unter 70 Punkten, so hast du Schwierigkeiten, ein Risiko einzugehen, deine Risikobereitschaft ist klein.

Mehr Mut zum Risiko

Du hast also den Test gemacht und festgestellt, daß du mit weniger als 70 Punkten abgeschnitten hast. Du gehörst zu den vielen Menschen, die Angst vor dem Versagen haben, *Angst zu versagen* die sich erniedrigt fühlen, wenn man ihr Angebot ausschlägt. Die meisten von uns kennen dieses Gefühl bis zu einem gewissen Grad. Niemand findet es gut, wenn man ihn abweist. Aber es gibt auch Menschen, wie zum Beispiel Mark, der bei dem Risikotest 100 Punkte bekommen *100 Punkte* hat.

Mark ist noch Junggeselle, allerdings freiwillig. Er ist Anfang Dreißig und leitender Angestellter einer kleinen Computerfirma. «Ich werde allerdings nächste Woche in einer anderen Firma anfangen», sagte er mir. «Es ist ein ganz neues Unternehmen. Mein Gehalt wird da sogar etwas niedriger sein.»

«Aber die Firma, bei der Sie jetzt sind, ist so erfolgreich», sagten wir etwas verwundert. «Warum gehen Sie das Risiko ein, für eine neue Sache zu arbeiten, die sich noch nicht bewährt hat?»

«Weil ich dort bessere Möglichkeiten habe. Bei meiner alten Firma kann ich nicht weiterkommen, einfach weil sie klein ist. Das neue Unternehmen fängt schon in größerem Rahmen an. Vielleicht klappt es nicht, aber die Chancen, daß etwas daraus wird, sind groß. Ich wage gern etwas. Vielleicht scheitere ich, aber wenn ich davor Angst hätte, dann hätte ich auch Angst, etwas Neues zu versuchen und würde nie weiterkommen. Das gleiche gilt übrigens auch für mein Privatleben. Wenn ich eine Frau kennenlerne, die mir gefällt, dann riskiere ich auch da etwas. Ich gehe mit ihr aus, fange eine sexuelle Beziehung mit ihr an. Wenn nichts daraus wird, dann geht es mir nicht schlechter als vorher. Eines Tages werde ich schon die richtige finden, und die Suche wird aufhören. Aber wenn ich es nicht immer wieder versuche, wie kann ich sie je finden?»

Etwas wagen

Die Richtige finden

Charlie hatte nur kümmerliche 70 Punkte in dem Test und sagte: «Das mag zwar für Mark alles zutreffen. Er ist sehr dynamisch, jemand, der das Risiko liebt. Ich bin dagegen ein richtiger Waschlappen. Ich sehe zum Beispiel eine Frau bei einer Party und bin von ihr beeindruckt, raffe mich auf und sammle meinen ganzen Mut zusammen, um sie anzusprechen, muß aber gegen eine wahre Flutwelle von Gegenargumenten ankämpfen wie: was, wenn sie einfach sagt, verschwinden Sie; was, wenn sie mir einfach den Rücken zudreht; was, wenn sie schon gebunden ist; was, wenn – was, wenn … und bis ich soweit bin, daß ich etwas zu ihr sagen kann, ist mir schon jemand zuvorgekommen, und das macht alles nur noch schlimmer. Was kann ich nur tun, damit ich selbstbewußter und mutiger werde, damit ich auch mal etwas riskiere?»

Von Kindheit an

Mut zum Risiko lernen wir als Kinder. Wenn wir erfolgreich sind bei dem, was wir probieren, dann haben wir das nächste Mal weniger Hemmungen und sind bereit, größere Risiken einzugehen. Und selbst wenn wir anfangs nicht erfolgreich sind, als Kinder werden wir von unserer Situation her dazu angeregt, uns in unserer Entwicklung durch neue Versuche weiterzubringen: Wir lernen, wie man mit dem Löffel ißt, wie man aus dem Becher trinkt, wie man geht, wie man spricht, wie man selbständiger wird und mehr und mehr Selbstbewußtsein bekommt. Wenn ein Kind richtig erzogen wird, dann wird es durch jeden Erfolg ermutigt, und es wird durch Fehlschläge *Erfolg ermutigt* nicht davon abgehalten, wieder und wieder zu probieren.

Wenn wir aber bei unseren ersten Schritten, in unseren frühen Versuchen auf irgendeine Weise von den Eltern entmutigt werden, die nur unsere Sicherheit im Sinn haben, wenn die Fehlschläge zu sehr betont und die Erfolge nicht genug beachtet werden, dann kann es sein, daß wir zu Erwachsenen werden, die keine Risiken eingehen können, die entsetzliche Zweifel durchmachen müssen, bevor sie auch die kleinste Unsicherheit bei einer Entscheidung in Kauf nehmen.

Solch ein Mensch muß irgendwie diese frühen Entmutigungen überwinden, und das beste ist, wenn er mit einem *Verhaltenstraining* kleinen Risiko anfängt. Wir schlugen Charlie vor, sich gegen eine Bürokratie zu behaupten. «Rufen Sie zum Beispiel die Post oder das Elektrizitätswerk an oder auch Ihre *Am Telefon* Bank. Beschweren Sie sich über einen Fehler, der zu Ihren Ungunsten gemacht wurde, und werden Sie ärgerlich. Sagen Sie Ihre Meinung. Es ist ungefährlich, denn Sie stehen dem anderen ja nicht Aug in Aug gegenüber. Der Mensch am anderen Ende der Leitung ist Ihnen unbekannt, und es macht nicht viel, wenn er Sie beleidigt. Es kostet Sie nur einen Telefonanruf, und Sie können den Hörer jederzeit auflegen.»

Charlie versuchte es, und es klappte! Er hatte riskiert, seine Wut und seinen Ärger aus sich herauszulassen, und er hatte es überlebt.

Der nächste Schritt war eine Konfrontation von Angesicht zu Angesicht, allerdings mit einem Fremden und in *Von Angesicht zu* einer Situation, die eigentlich ungefährlich war. Wir entschieden uns für einen Kellner in einem Restaurant. Charlie beschwerte sich, daß ein bestimmtes Gericht nicht richtig zubereitet worden war und schickte es zurück. «Ich mußte meinen ganzen Mut zusammennehmen und war ganz überrascht, als er mir sofort etwas anderes brachte und sich noch entschuldigte. Vielleicht war das nur Kundendienst, aber mir gab es ein gutes, selbstsicheres Gefühl.»

Schritt für Schritt wurde Charlies Risikobereitschaft vergrößert. Er nahm ein Taxi und bestand bei dem Fahrer darauf, daß sie die Strecke nahmen, die er für die richtige hielt. Es gab auch Situationen, wo man Charlie lächerlich machte und demütigte, aber – und das ist sehr wichtig – er stellte fest, daß er diese Fehlschläge überlebte. Er konnte versagen oder Erfolg haben und merkte, daß auch Verlieren zu ertragen war.

Fehlschläge ertragen

Sich behaupten lernen

Wir sprachen mit einem Psychiater, der uns von einem Programm berichtete, das er für Patienten entwickelt hatte, die Angst vor Risiken haben. «Ich bringe ihnen bei, wie sie sich behaupten können, wie sie allmählich lernen, die Risiken einzugehen, die für viele Menschen Teil ihres täglichen Lebens sind.»

«Und wie?» fragten wir.

«Lockerungs-übungen»

«Zuerst einmal gibt es da ein paar ‹Lockerungsübungen›, die auf das spezielle Problem des Patienten zugeschnitten sind. Für einen jungen Mann, der schreckliche Angst davor hatte, von Frauen abgewiesen zu werden, sah das so aus: ‹Bei der nächsten Party, zu der Sie gehen, fangen Sie ein Gespräch mit zwei Ihnen fremden Frauen an.› Das ist ein großer Schritt. Eine andere Übung war, sich in der Kantine an den Tisch einer fremden Frau zu setzen und mit ihr ein Gespräch anzufangen. Man würde denken, jeder könnte das fertigbringen, schließlich sitzt man in der Kantine häufig mit andern am Tisch», sagte er. «Aber für meinen Patienten war das sehr schwierig.»

Ein Glas Wasser bitte...

Eine Frau, die ungern um etwas bat, mußte als «Lockerungsübung» in ein Schnellrestaurant gehen, sich an die Theke setzen und um ein Glas Wasser bitten, ohne sonst etwas zu bestellen. Diese Situation ist nicht einfach, aber wenn man sie meistert, macht sie einen stärker.

Nach diesen «Lockerungsübungen» kann man sich an die schwereren Aufgaben machen. Es gibt dabei drei verschiedene Schwierigkeitsgrade. Wenn Sie den ersten gemeistert haben, dann müssen Sie in dieser Kategorie erst einmal üben, bevor Sie sich den nächsten zutrauen. Sie müssen sich erst in den Situationen des ersten Schwierigkeitsgrades wohl fühlen. Hier sind vier Situationen des ersten Schwierigkeitsgrades:

1. Sagen Sie jemandem die Meinung, einem Menschen, mit dem Sie zusammenarbeiten, Ihrem Geliebten oder Partner, einem Freund, Bruder oder einer Schwester. Diese Person sollte Ihnen gleichgestellt und Sie sollten nicht von ihr abhängig sein. *Die Meinung sagen*

2. Bringen Sie Ihren Ehepartner oder Geliebten dazu, daß er / sie etwas tut, was Sie wollen, woran er / sie aber nicht besonders interessiert ist: zum Beispiel an einen bestimmten Ferienort fahren, in ein besonderes Restaurant gehen, einen Film ansehen, den Sie gern sehen wollen.

3. Bitten Sie Ihren Chef um einen freien Tag. Geben Sie keine Gründe an, sondern sagen Sie, es sei privat. *Den Chef um einen freien Tag bitten*

4. Gehen Sie eine Verabredung mit jemanden ein, den Sie nicht kennen.

Bei all diesen Übungen ist das Versagen ebenso wichtig wie der Erfolg. Sie lernen daraus, daß Sie sich nicht verstecken müssen, auch wenn Sie versagt haben. Wenn Sie bei diesen Übungen erfolgreich waren, dann beweist das, daß Sie im allgemeinen schon bekommen können, worum Sie bitten. *Versagen ist ebenso wichtig wie Erfolg*

Wenn Sie den ersten Schwierigkeitsgrad problemlos meistern, wenn Ihr Ich stärker geworden ist, dann können Sie sich an den zweiten wagen.

1. Wenn Sie unverheiratet sind, gehen Sie in eine Ihnen fremde Kneipe und sprechen Sie mit mindestens fünf fremden Menschen. Wenn Ihnen einer gefällt, schlagen Sie ein Wiedersehen vor. Wenn solche Orte Sie abstoßen, dann versuchen Sie jemanden in einem Museum kennenzulernen oder in der Schlange vor dem Kino. *Fremde Menschen ansprechen*

2. Fordern Sie eine Gehaltserhöhung von Ihrem Chef.

Sagen Sie ihm, daß Sie wüßten, daß das auch mit mehr Verantwortung verbunden sei und daß Sie darauf vorbereitet sind.

Sexuelle Wünsche äußern

3. Sagen Sie Ihrer/m Geliebten, was Sie auf sexuellem Gebiet besonders gern haben.

Wenn Sie die Anforderungen der zweiten Stufe überlebt haben, dann stellen Sie sich andere Aufgaben, die ebenso riskant sind. An der Art der Aufgaben, die Sie sich auswählen, können Sie erkennen, wo Ihre Stärken liegen. Wenn Sie diese Aufgaben erledigt haben und meinen, daß Sie noch weiterkommen können, sind Sie für den dritten Schwierigkeitsgrad bereit. Wenn Sie sich dann auch auf dieser Ebene ohne viel Schwierigkeiten bewegen können, dann ist Ihr inneres Selbst stark genug, um mit der Welt ohne viel Mühe fertigzuwerden.

Diese Risiken sollten allerdings nicht zu leicht genommen werden. Sie müssen gewillt sein, die Gefahren wie die Erfolge auf sich zu nehmen, und auf der höchsten Ebene können diese Gefahren ausgesprochen real sein. Sie müssen immer wieder daran denken, daß man nie Erfolg haben kann, wenn man nicht auch etwas riskiert, sei es im Beruf, privat oder im Leben überhaupt. Der zweite wichtige Punkt ist, daß man ein Versagen überleben kann.

Kein Erfolg ohne Risiko

Wir müssen diejenigen, die es lernen, etwas zu riskieren, noch auf etwas anderes hinweisen: Wenn man etwas riskiert, dann übernimmt man damit auch die *Verantwortung* für seine Handlungen. Wenn man etwas versucht, dann muß man auch darauf vorbereitet sein, die Folgen auf sich zu nehmen. Wenn Sie einen Partner wegen eines anderen verlassen, dann gehen Sie das Risiko ein, daß Sie mit dem zweiten nicht zurechtkommen.

Die Folgen auf sich nehmen

Es bedeutet ein Risiko, eine sexuelle Beziehung zu beginnen, mehr noch zu heiraten. Beide Partner geben einen Teil ihrer Freiheit auf in der Hoffnung, durch die Verbindung mehr zu gewinnen als zu verlieren. Stellenwechsel ist riskant, auch eine neue Bekanntschaft, eine ungewöhnliche Reise, ein Umzug.

Auf der anderen Seite stimmt auch, was ein Freund so

richtig sagte: «Du gehst schon ein Risiko ein, wenn du nur aus der Tür und über die Straße gehst. Ist es dir klar, wie viele Menschen jährlich bei Autounfällen umkommen?»

Wenn man keine Risiken einginge, wäre das Leben unerträglich. Wir würden nie vorankommen. Und auch eine sexuelle Beziehung kann sich nicht entwickeln, wenn man keine Risiken eingeht.

Mit sich selbst vorankommen

Sich selber abstempeln

Arbeitstier oder Frauenheld

Etwas zu riskieren, kann unser inneres Selbst stärken. Was aber ist mit diesem geheimnisvollen, oft gebrauchten Begriff «Selbst» überhaupt gemeint?

Das körperliche «Selbst»

Es gibt natürlich unser körperliches Selbst, und wenn wir vor einem großen Spiegel stehen, können wir viel darüber erfahren: wie groß oder wie klein wir sind, wie schlank oder wie dick, wie unser Haar sitzt, welche Farbe unsere Augen haben und vieles andere mehr, was uns von anderen unterscheidet und unser Äußeres ausmacht.

Der Persönlichkeitskern

Aber es gibt auch noch ein anderes Selbst, ein inneres Selbst, womit wir das bezeichnen, was sich aus den verschiedenen Aspekten unserer Persönlichkeit zusammensetzt. Jeder von uns hat einen Persönlichkeitskern, der immer relativ stabil bleibt, aber das, was wir als unser Selbst bezeichnen, scheint sich oft von diesem Kern zu lösen und kann sich den Umständen entsprechend anpassen und verändern.

Das «Selbst» verändern

Das ist eine gute Nachricht für alle, die von ihrem «Selbst» nicht unbedingt begeistert sind. Es bedeutet, daß das «Selbst» verändert werden kann. Wenn wir sexuelle Schwierigkeiten in unserem Leben haben und diese Schwierigkeiten etwas mit Selbstbewußtsein zu tun haben, dann kann uns geholfen werden.

Craig ist dafür ein sehr gutes Beispiel. Als wir mit ihm sprachen, lebte er in einer Kleinstadt und arbeitete als Mechaniker bei einem Autohändler. Craig ist der Traum jedes Arbeitgebers, nämlich ein ausgesprochenes Arbeitstier. Er ist einer der besten Automechaniker am Ort und liebt seinen Beruf. Er ist schon zur Stelle, bevor das Geschäft geöffnet wird und bleibt noch lange nach Ladenschluß. An Wochenenden arbeitet er am liebsten an den zwei halb kaputten Autos in seinem Garten.

«Das Dumme ist», gab Craig zu, «daß mir in meinem ganzen Leben eigentlich nur die Arbeit Freude macht.»

«Wie ist es denn mit Ihrem Privatleben, wie ist es mit Frauen?»

Craig schnaubte ironisch: «Was für ein Privatleben? Sie machen wohl Witze? Und Frauen kann ich schon sowieso vergessen. Die laufen schon weg, wenn sie mich nur sehen.» *Kein Privatleben*

Wir konnten das kaum glauben. Craig war 23 Jahre alt, groß, gutaussehend und intelligent. Sein Problem sei, so erklärte er, daß er einfach nicht wüßte, wie er sich benehmen müßte. «Ich gehe also zum Beispiel zu einer Party, hole mir etwas zu trinken und sitze dann in meiner Ecke und sehe zu, wie die anderen Männer tanzen und mit den Frauen flirten. Für sie scheint es so einfach zu sein, aber ich weiß einfach nicht, wie ich das anfangen soll. Wenn ich mit einem Mädchen spreche, dann habe ich schon feuchte Hände. Ich bekomme kaum ein Wort heraus und stottere, und ich weiß, daß sie sich schon nach ein paar Minuten mit irgendeiner Entschuldigung verkrümeln wird.» *«Ich weiß nicht, wie ich das anfangen soll»*

Aus Selbstschutz ging Craig kaum noch zu Parties und konzentrierte sich statt dessen ganz auf seine Arbeit. Er fand genug Befriedigung darin, daß er der beste Mechaniker am Ort war und meinte deshalb, auf die gesellschaftlichen Veranstaltungen verzichten zu können, zu denen man ihn noch einlud. Je mehr man seine Arbeit lobte und je mehr Leute darauf bestanden, daß nur Craig und sonst niemand mit ihrem Auto umgehen könnte, desto mehr vergrub er sich in seine Arbeit. «Tatsache ist», meinte er und zuckte mit den Achseln, «Frauen können mit mir nichts anfangen, und daran muß ich mich eben gewöhnen. Zumindest bin ich wirklich ein verdammt guter Mechaniker.»

Mit diesem letzten Satz hatte Craig verraten, was er mit sich selbst gemacht hatte. Er hatte seinem inneren Selbst zwei Stempel aufgedrückt: «ein hoffnungsloser Fall bei Frauen», aber ein «exzellenter Mechaniker». Jeder von uns findet auf die eine oder die andere Weise einen Stempel für sein inneres Selbst. Irgendwann entscheiden wir, daß wir entweder gut oder schlecht, schlau *Ein hoffnungsloser Fall?*

oder dumm, geschickt oder ungeschickt, vorsichtig oder nachlässig sind – diese Liste könnte noch endlos fortgesetzt werden.

Positiv oder negativ beeinflussen

Wenn der Stempel, mit dem wir unser Selbst verzieren, positiv ist, dann kann uns nichts passieren. Wir werden davon günstig beeinflußt. Wenn eine Frau nur ernsthaft glaubt, daß sie sehr sexy ist, dann wird sie sich dementsprechend benehmen und gewöhnlich auch so wirken. Wenn sich ein Mann für mutig hält, dann wird er sich auch in den meisten Situationen entsprechend verhalten. Die Stempel überzeugen uns davon, wie wir sind. Sie haben eine solche Macht, daß es bei Craig nur der Beschriftung «hoffnungsloser Fall» bedurfte, und schon benahm er sich entsprechend, wenn er mit Frauen zusammen war. Craig trug auch noch einige andere Aufkleber mit sich herum, einer davon war «Arbeitstier». Eigentlich war er darauf sogar stolz, denn irgendwie entschuldigte es seine Verklemmtheit bei Frauen, wenigstens vor ihm selbst.

Bin ich wirklich so?

Bevor wir aber diese Stempel abwaschen können, zumindest die negativen, müssen wir ein paar einfache Tatsachen über sie lernen. Sagen sie die Wahrheit oder nicht? Um dieser Frage näherzukommen, fragten wir Craig, wie er denn die Party gefunden hätte, bei der er zuletzt war. Er antwortete: «Es war schrecklich. Ich fühlte mich sehr unwohl. Das Ganze war wie eine Diskothek aufgezogen, und es waren einfach zu viele Menschen da, die sich herumdrängten. Der Raum war so klein, und dann dieser Krach! Ich wollte bloß weg.»

Einer seiner Freunde war auch bei der Party gewesen und beschrieb sie ganz anders: «Eine tolle Stimmung! Sie hatten Disko-Scheinwerfer, und alle waren so nah beieinander; dazu phantastische Rockmusik und dieser dauernde Körperkontakt! Ich fühlte mich ungeheuer wohl und ließ mich so richtig gehen. Ich fand es ganz toll.»

Wer hat recht?

Wenn man sich beide Beschreibungen anhörte, konnte man sich kaum vorstellen, daß es sich um dieselbe Party handelte. Welcher von beiden hatte denn nun recht, Craig oder sein Freund? Auf eine Weise hatten beide recht. Der Unterschied lag darin, daß sie die Party verschieden wahrgenommen hatten. Die Einstellung zu uns und unserem Leben wird nicht immer durch die Beurteilung des Selbst bestimmt, die schon vorhanden ist, sondern wir stempeln uns selbst durch eine bestimmte Einstellung auch erst ab, oder kleben zumindest den schon vorhandenen Aufkleber noch fester an.

Du kannst dich von der Etikettierung befreien

Susi, Barbaras Freundin, war glücklich verheiratet und fand es gar nicht schön, daß Barbara noch allein war. «Fred möchte dich gern mit einem seiner Kollegen be- kanntmachen. Was sagst du dazu?» Barbara willigte zö- gernd ein. «Es ist ja nicht so, daß ich keine Männer ken- nenlernen möchte», sagte sie zu Susi. «Nichts lieber als das. Sie scheinen bloß nie besonders interessiert zu sein. Irgendwie langweile ich Männer. Ich bin wohl einfach nicht hübsch genug.» *«Ich bin langwei- lig»*

«Ach was», sagte Susi energisch. «Du bist ein sehr hüb- sches Mädchen, und Gert wird von dir begeistert sein.»

Gert hatte zwar schon Interesse, aber er hatte wenig Gelegenheit, mit Barbara zu sprechen und sie kennenzu- lernen. Trotz der Proteste von Susi kam Barbara immer wieder in die Küche, um «zu helfen». Während des Essens unterhielt sie sich hauptsächlich mit Susi, über Themen, die die Männer nicht interessierten, und hinterher bestand sie darauf, beim Abwasch zu helfen.

Kein Wunder, daß der Abend eine Pleite war. Barbara hatte sich selbst den Stempel aufgedrückt, daß Männer sie uninteressant fanden und sorgte nun dafür, daß sich dieses Urteil auch immer bestätigte. Als Gert sich nicht mehr bei ihr meldete, wurde sie in ihrer Ansicht von sich selbst be- stärkt. Sie wußte eben, daß sie eine Niete auf dem Gebiet war. *Bestätigen des Verhalten*

Wenn wir in dem Spiel zwischen Mann und Frau eini- germaßen erfolgreich sein, gerne eine gewisse sexuelle

Positives Selbst-
bild

Ausstrahlung haben wollen, dann muß diese Ausstrahlung aus uns kommen auf der Grundlage eines positiven
Selbstbildes und einer guten Portion Selbstbewußtsein.
Das ist allerdings nicht möglich, wenn wir uns selbst einen
negativen Stempel aufdrücken.

Schau dir doch einmal genau an, wie du dich selbst
einschätzt. Findest du dich unfähig, nennst dich einen
schlechten Liebhaber und nicht in der Lage, sexuell attraktiv auf eine andere Person zu wirken? Untersuche
wirklich genau, was du von den eigenen Fähigkeiten hältst

Ehrliche Analyse

und sei sehr ehrlich mit dir selbst. Falls du selbst einige
dieser negativen Bezeichnungen für dich benutzt, dann
überlege einmal, seit wann das so ist. War es bei der ersten
Verabredung, die nicht so lief, wie du gehofft hattest? War
es bei deinem ersten sexuellen Erlebnis, was schlicht eine
Katastrophe war?

Auf Susis Anraten suchte Barbara einen Therapeuten
auf, um ihr Verhalten besser zu verstehen. Sie fand heraus,
daß sie sich das erste Mal wie ein Versager vorkam, als sie
mit Tom befreundet war. Bei ihrer ersten Verabredung
ging Tom zuerst mit ihr ins Kino und dann essen. Er hatte
an ihrem Kleid herumzumeckern, behauptete, daß sie den
Film nicht richtig verstanden hätte, und später im Restaurant flirtete er die meiste Zeit mit zwei anderen Mädchen,
die am Nebentisch saßen. Für Barbara war diese Erfah-

Prägende Erfah-
rung

rung vernichtend, und als sie sich jetzt wieder daran erinnerte, fiel ihr ein, daß ihr negatives Bild von sich selbst
eigentlich von damals stammte.

Als sie Susi das erzählte, nickte die nur wissend mit dem
Kopf: «Ach Gott ja, der Tom! Ich bin auch einmal mit ihm
ausgegangen, und der Kerl war einfach furchtbar. Kein
Wunder, daß du dich nicht amüsiert hast. Ich habe danach
nie wieder mit ihm gesprochen.»

Susi hatte diesen Abend einfach als vergeudete Zeit ab-
tun können und wußte, daß die Schuld bei Tom lag. Barbara aber hatte den Spieß umgedreht und sich die Schuld

Den Spieß
umdrehen

gegeben. Sie hatte sich diesen Stempel selbst aufgedrückt,
weil sie so wenig Selbstbewußtsein hatte.

Kann man das denn verändern? Kann jemand, der sich

selbst für einen Versager hält, allmählich davon überzeugt werden, daß er das Zeug zu einem Sieger hat? Ja. Eine Therapie kann helfen, wie Barbara feststellen konnte. Im allgemeinen aber wollen wir nicht erst eine Therapie durchmachen, nur um unsere Chancen im Spiel der Geschlechter zu verbessern, und, ehrlich gesagt, die meisten von uns, die sich negativ beurteilen, brauchen eigentlich keine Therapie. Manchmal kann ein wenig gesunder Menschenverstand schon Wunder wirken. Freunde und Verwandte, die uns wirklich mögen, können häufig objektiver sein als wir selbst und uns die Augen öffnen.

Wir konnten Craig dabei helfen, gegen die negative Selbstsicht anzukämpfen, indem wir ihm einfach die Wahrheit vor Augen führten. «In meiner Arbeit bin ich wirklich sehr gut», hatte er uns oft gesagt, «aber ich kann anscheinend nicht mit Frauen umgehen.» *Die schlichte Wahrheit*

Wir hatten da unsere Zweifel. Wir hatten beobachtet, wie er mit den Frauen redete, die ihre Autos zur Reparatur brachten, und auch, daß er ungehemmt und ohne Schwierigkeiten mit der Sekretärin und der Kassiererin im Verkaufsraum herumscherzte. «Wie ist es denn mit den beiden?» fragten wir. «Sie sind doch in Ihrem Alter, und mit denen haben Sie keine Schwierigkeiten?» *Ungehemmt*

«Ja, das ist etwas anderes», sagte er schnell. «Sie arbeiten hier. Ich kenne sie, und außerdem haben sie auch beide feste Freunde.»

«Und die Frauen, die ihre Autos bringen?»

«Das ist auch etwas anderes», sagte er lahm. «Sie sind schließlich Kunden.»

Was er damit ausdrückte, war klar; diese Frauen stellten keine Gefahr für ihn dar. Die Frauen, die dort arbeiteten, waren schon in festen Händen und hatten keinen Grund, ihn abzuweisen. Die Kundinnen waren in gewisser Weise von ihm abhängig. Er brauchte sich nicht zusammenzunehmen und konnte mit ihnen ganz natürlich umgehen. *Ganz natürlich* Aber trotz seiner Proteste fing Craig doch an, über das Ganze nachzudenken. Er beobachtete sein eigenes Verhalten genauer.

Andy, einer der Mechaniker, war für seine Ungeschicklichkeit bekannt. Er ließ seine Werkzeuge fallen und kniff aus Versehen die Köpfe von seinen Schrauben ab, was übrigens jedem mal passierte. Aber Andy «war nun einmal ungeschickt», und wenn ihm etwas passierte, dann wurde damit ja nur die Wahrheit dieser Behauptung unterstrichen. «Andy der Tolpatsch» wurde zum geflügelten Wort.

Ich bin nun einmal so!

Craig hatte allmählich begriffen, daß er selbst sich mit negativen Etiketten versah, daß er das ändern könne und vielleicht gar kein so hoffnungsloser Fall mit Frauen sei.

Diese Erkenntnis faszinierte ihn, und so sprach er eines Tages Andy an: «Andy, treibst du Sport?» Es stellte sich heraus, daß Andy ein sehr guter, wohl koordinierter Korbballspieler war und daß er hoffte, irgendwann einmal in einem Berufsverein zu spielen. «Jemand, der so gut koordiniert Korbball spielt, kann einfach sonst kein Tolpatsch sein», meinte Craig. «Was soll dieses ganze Getue mit der Ungeschicklichkeit überhaupt? Machst du uns was vor?»

Andy zuckte die Schultern. «Meine Arbeit hat nichts damit zu tun, was ich auf dem Spielfeld leiste», beteuerte er; aber das, was Craig gesagt hatte, gab ihm doch zu denken. Und schon nach einer Woche fielen ihm die Werkzeuge nicht mehr aus der Hand; er hatte diese ganze Ungeschicklichkeitstour abgelegt.

«Verdammt», sagte Craig, «wenn Andy sich bei seiner Arbeit ändern kann, dann kann ich das auch in meinem Privatleben schaffen. Ich werfe diesen negativen Ballast einfach fort; ab jetzt wird *positiv* gedacht!»

Positiv denken!

Das Tonband im Kopf

Durch die Etikettierung, die wir uns selbst geben, sperren wir uns in Kategorien ein: tapfer, ungeschickt, guter Liebhaber, sexy, Versager oder Langweiler. Sobald der Aufkleber gut haftet, fangen wir an, uns quasi in einem innerlichen Zwiegespräch zu überzeugen.

Wenn Barbara sich also für einen Versager in der Liebe hält, dann wird sie zwar vielleicht den Mut finden, zum Tanzen zu gehen; aber wenn sie erst da ist, wird sie feststellen, daß alles vergeblich ist. Sie drückt dann auf einen unsichtbaren Auslöser, und das innere Zwiegespräch läuft ab:

Das innere Zwiegespräch

«Ich bin viel zu unscheinbar, als daß mich jemand zum Tanzen auffordern würde.» Das bestätigt nur ihre Beurteilung der eigenen Person. «Ich könnte genausogut wieder nach Hause gehen.» Ihr Aufkleber bestimmt ihr Handeln. Wenn sie also nach Hause geht, kann niemand sie zum Tanzen auffordern, und ihre negative Meinung von sich wird bestätigt. Sie holt also ihren Mantel aus der Garderobe und denkt dabei: «Das ist ja wieder typisch. Erst komme ich hierher, um Menschen kennenzulernen, und dann haue ich schon wieder ab, bevor ich überhaupt die Möglichkeit dazu habe. Ich bin wirklich ein Versager.» Indem sie früh wieder ging, hat Barbara selbst dafür gesorgt, daß die Bezeichnung «ein Versager in der Liebe» sich bewahrheitete.

Versager in der Liebe

Jeder von uns konfrontiert sich auf die eine oder die andere Weise mit der negativen Aussage wieder und wieder. Bevor Barbara durch die Therapie geholfen wurde, sagte sie sich dieselben negativen Sätze immer wieder vor, gab der Botschaft immer mehr Gewicht und war zum Schluß ein größerer Versager als vorher.

Aber dieses «Tonband im Kopf» kann verändert werden. Man kann Teile löschen oder eine völlig andere Botschaft aufnehmen. Wenn man ein solches Tonband in seinem Kopf neu besprechen will, um auf diese Weise das negative Selbsturteil in ein positives umzuwandeln, dann muß man sich bewußt werden, was man gerade in welcher Situation zu sich selbst gesagt hat. Sinnvoll ist es deshalb, eine bestimmte Situation zu provozieren. Tu etwas, was du sehr ungern machst, von dem dir dein Verstand aber sagt, daß es vernünftig ist. Bitte jemanden um eine Verabredung; fange mit einem interessanten Fremden im Bus ein Gespräch an; sprich jemanden im Museum an oder in einer Kneipe. Zeige eine positive Einstellung.

Das Tonband löschen

Es ist absolut gleichgültig, wie man auf deinen Versuch reagiert. Wichtig ist, was *du* dir währenddessen selbst zuflüsterst. Schreibe sobald wie möglich alles auf, was dir durch den Kopf gegangen ist, und zwar bevor du den Fremden angesprochen hast, während der Unterhaltung und hinterher. Auf diese Weise hast du schwarz auf weiß, was in deinem Kopf abläuft. Wenn du dir gesagt hast: «Diese Person sieht interessant aus; vielleicht geht sie ja mit mir aus», dann war die Botschaft positiv, und du bist auf dem richtigen Weg.

Das Tonband-protokoll

Wenn du dir aber sagtest: «Mein Gott, er/sie wird sagen, hau ab!» oder «Er/sie wird glauben, daß ich der Verzweiflung nahe bin, weil ich ihn/sie angesprochen habe!», dann weißt du, daß du dich negativ beeinflußt hast.

Als nächsten Schritt solltest du der negativen Botschaft eine positive gegenüberstellen. Ändere zum Beispiel: «Mein Gott, er/sie wird sagen, hau ab!» in: «Wäre es nicht toll, wenn er/sie ja sagte?» und: «Natürlich will sie nichts mit mir zu tun haben. Ich bin ein Blödmann!» in: «Sie will also nichts mit mir zu tun haben? Das ist ihr Problem. Mal sehen, wer da sonst noch ist.»

Positiv formulieren

Wenn du diese andere Einstellung zu Papier gebracht hast, dann probiere sie das nächste Mal aus, wenn du jemanden ansprechen willst. Sage dir zuerst, daß du eine gute Chance hast und zweitens, daß es nicht schlimm ist, wenn dein Versuch keinen Erfolg haben sollte. Du wirst es eben bei jemand anderem noch einmal probieren.

Nicht aufgeben!

Die Moral von der Geschichte ist, daß sich Erfolg einstellt, wenn man es nur lange genug versucht. Wichtig ist, daß man genug Selbstbewußtsein besitzt, um nicht aufzugeben. Ein Weg zu einem stärkeren Selbstbewußtsein ist das wiederholte Anhören der positiven «Tonbänder», die wir in unserem Kopf aufbewahren. Erfolg wird sich einstellen, wenn man sich nur immer wieder bemüht, und schon *ein* Erfolg kann das angeschlagene Selbstbewußtsein aufrichten. Mit jedem weiteren Erfolg wird es leichter werden, sich die positive Einstellung, die man sich suggeriert, wirklich zu der eigenen zu machen. Und schließlich kann das Etikett umgeändert werden: aus «ich bin in der

Liebe ein Versager» wird «ich bin in Liebesangelegenhei- *Ich bin gar nicht so übel!*
ten gar nicht so übel»!

Den Tatsachen auf den Grund gehen

Manchmal drücken wir uns den negativen Stempel aus
Gründen auf, die sich als nicht stichhaltig herausstellen,
wenn wir später alle Fakten kennenlernen. Sandy ist eine
attraktive Frau, aber nicht besonders selbstsicher. Sie neigt
dazu, sich die Schuld zu geben, wenn ihr etwas Unangenehmes passierte.

«Vielleicht bin ich einfach zu selbstkritisch», sagt sie. *Zu selbstkritisch*
«Immer wenn etwas schiefgeht, versuche ich herauszufin-
den, was ich denn nun diesmal falsch gemacht habe. So
war es auch mit Jack. Ich fand Jack gleich von Anfang an
aufregend; es war da eine starke sexuelle Spannung zwischen uns. Wir tanzten beinahe den ganzen Abend zusammen, und dann nahm er mich auf dem Rücksitz seines Mo-
torrads mit. Was für eine Fahrt! Schließlich waren wir in
seiner Wohnung und gingen zusammen ins Bett. Im allgemeinen tue ich das nicht, wenn ich jemanden so kurz
kenne, aber wir waren so verrückt nacheinander! Aber danach hörte ich nichts mehr von Jack. Das geschieht dir
ganz recht, sagte ich mir. Du warst einfach zu scharf darauf, zu einfach zu haben. Wahrscheinlich respektiert er
dich überhaupt nicht mehr, und du mußt ihn dir aus dem
Kopf schlagen. Ich gab mir wirklich Mühe, ihn zu vergessen, aber es dauerte ewig, bis ich einigermaßen darüber
weg war. Mein Selbstbewußtsein hatte ziemlich gelitten.
Ich fing an, mich selbst als eine zu sehen, die eben keinen
Mann halten kann, und so war es dann auch. Wenn ich
einen Mann kennenlernte, der mir gefiel, dann schaffte ich
es nach ein oder zwei Verabredungen immer irgendwie,
die Beziehung zu beenden.

Etwa zwei Jahre später traf ich Jack zufällig. Ich war *Was war wirklich passiert?*
allein und er auch, und er schien sich ehrlich zu freuen,

mich zu sehen. ‹Laß uns einen Kaffee zusammen trinken und klönen. Du siehst gut aus. Bist du schon vergeben?› Ich sagte nein, und er erwiderte: ‹Toll, ich will dich unbedingt wiedersehen.› – ‹Das hättest du vor zwei Jahren haben können›, sagte ich bitter. ‹Warum hast du dich nie mehr gemeldet?› Er sah verlegen aus. ‹Ich konnte wirklich nicht›, sagte er schließlich ehrlich. ‹Ich stand nämlich ein paar Wochen vor meiner Hochzeit. Diese Nacht mit dir war phantastisch gewesen, aber wie hätte ich dir sagen können, daß ich verlobt war? Und was hätte ein Anruf genützt? Ich wußte, daß meine Gefühle für dich zu stark waren und daß es meine Ehe ruiniert hätte. Deshalb warf ich deine Telefonnummer weg.›»

*Alle Hinter-
gründe kennen*
Wichtig an Sandys Geschichte ist, daß sie sich selbst negativ abgestempelt hatte, ohne alle Hintergründe ihrer kurzen Affäre mit Jack zu kennen. Als sie dann zu der Ansicht gekommen war, daß sie eben keinen Mann auf Dauer halten könnte, dann schaffte sie es auch, daß diese Vorhersage eintraf, ohne daß ihr bewußt war, was sie tat, und jede neue Verbindung nahm ein schnelles Ende. Und jedes Mal wurde diese negative Meinung von sich selbst dann nur noch verstärkt. Sie war eben zu einer guten Liebesbeziehung nicht fähig. Wenn sie es damals fertiggebracht hätte, Jacks Schweigen als etwas zu sehen, wofür *Nicht für alles
verantwortlich* sie nicht verantwortlich war, dann wäre es ihr besser gegangen.

Wer Signale zu deuten weiß ...

.. der versteht diesen Hinweis auch ohne viele Worte ...

Pfandbrief und
Kommunalobligation

**Meistgekaufte deutsche Wertpapiere - hoher
Zinsertrag - schon ab 100 DM bei allen Banken
und Sparkassen**

Verbriefte  Sicherheit

Barrieren und Blockaden

Den Funken löschen

Hindernisse, die dafür sorgen, daß eine sexuelle Spannung gar nicht erst entsteht, können auch ihr Gutes haben. Es gibt Situationen, wo wir sie zu unserem eigenen Schutz brauchen. Wenn zwei Menschen einander sexuell anziehend finden, aber mit jemand anderem verheiratet sind und es auch bleiben wollen, dann können sie zu ihrem eigenen Schutz gewisse Barrieren errichten. *Zum eigenen Schutz*

Manchmal wird darauf wirksam, aber unauffällig hingewiesen: Ein Drehen am Ehering bedeutet: «Ich bin vergeben; sei vorsichtig!» Wenn man im Gespräch erwähnt, daß man einen festen Freund oder eine feste Freundin hat, sendet man ein ähnliches Signal, auch wenn nicht ganz so definitiv, denn Freunde könnten leichter ersetzt werden als Ehepartner. *Signale senden*

Wenn zwei gute Freunde sich plötzlich in einer Situation befinden, die das Entstehen von sexuellen Gefühlen fördert, dann möchten beide vielleicht dieses Gefühl abstellen können. Marie und Charlie waren gute Freunde. Beide waren verheiratet, und die Paare verbrachten viel Zeit miteinander. Marie und Charlie waren beide Programmierer, allerdings für zwei verschiedene Firmen; eines Tages im Juni mußten sie beide zu derselben Tagung in einer nahen Stadt. *Nur gute Freunde?*

«Anfangs freuten wir uns sehr darüber», erzählte Marie. «Wir kannten beide niemanden bei dieser Tagung und klammerten uns schon deshalb ein wenig aneinander. Wir wohnten beide in demselben großen Hotel, wo die Tagung stattfand, wir gingen zu denselben Seminaren, sprachen über das, was wir gelernt hatten und aßen zusammen Abendbrot. Hinterher setzten wir uns noch in die Bar, hörten der Jazzmusik zu, und als später alte Tanzschlager gespielt wurden, tanzten wir auch zusammen. Wir tranken natürlich etwas und unterhielten uns, erst über unsere Arbeit, aber dann auch über persönlichere, intimere Dinge. Ich nehme an, der Alkohol hatte uns etwas von unseren Hemmungen genommen.

Alkohol ent-hemmt

Ich weiß nicht genau, wann es passierte, aber plötzlich merkte ich, daß sich da etwas zwischen uns anbahnte. Mir fiel auf, wie attraktiv Charlie war und wieviel Gemeinsames wir doch hatten; mit meinem Mann konnte ich nie über meine Arbeit sprechen. Es wäre so einfach, so schrecklich einfach gewesen, in der Nacht mit Charlie ins Bett zu gehen.

Ich glaube, diese Erkenntnis kam uns beiden zur selben Zeit und erschreckte uns sehr. Wir wollten unsere Ehen nicht gefährden und dann noch durch etwas so Verrücktes wie eine schnelle Affäre nach ein paar Gläsern. Beinahe zur selben Zeit fingen wir plötzlich an, von unseren Familien zu sprechen, über Charlies Frau, meinen Mann und unsere Kinder. Es wäre beinahe komisch gewesen, wenn es eigentlich nicht so ernst gewesen wäre, aber es funktionierte. Die Spannung, die sich da zwischen uns aufgebaut hatte, ließ wieder nach.»

Barrieren auf-richten

Die Barriere, die Charlie und Marie aufgerichtet hatten, kann nicht nur zwischen zwei guten Freunden wirksam sein, sondern auch mit dem festen Freund einer Freundin oder sonst jemandem, mit dem man lieber keine engere Beziehung eingehen möchte. Es kann der Chef sein, mit dem ein Verhältnis gefährlich wäre, oder sonst eine Person, die man für tabu hält. Es gibt Situationen, wo diese Hindernisse sehr nützlich sind, aber es gibt natürlich auch andere, wo man den Funken noch schüren möchte und wo einem Barrieren einen Strich durch die Rechnung machen.

Nützliche Hin-dernisse

Ewig aktiv

Ein klassischer Fall einer Barriere, die jemand errichtet, ohne daß er sich dessen bewußt ist, ist das Dauernd-beschäftigt-Sein. Sally berichtet, wie dadurch jedes romantische Gefühl zwischen ihr und ihrem Freund schon im Keim erstickt würde.

«Er steht unter dem Zwang, dauernd etwas zu tun haben zu müssen. Ein ruhiger Tag oder Abend mit mir ist ihm nie genug. Wenn wir uns treffen, müssen wir immer irgend etwas tun, müssen irgendwohin, etwa sonntags an den Strand. Aber denken Sie bloß nicht, daß wir da dann faul in der Sonne liegen. Nein, dann wird geschwommen oder Volleyball gespielt. Im Winter wird Ski gelaufen oder Tennis gespielt. Abends gehen wir zum Tanzen oder in einen Nachtclub mit aufregendem Programm. Er kann nicht einmal lange genug stillsitzen, damit wir ins Theater oder ins Kino gehen können. Er muß immer in Bewegung sein.

Immer hektisch

Letztes Jahr fuhren wir zwei Wochen in Urlaub, und ich hatte gehofft, daß wir uns nun mal ein bißchen Zeit füreinander nehmen würden und uns nahekommen, aber nein, er suchte sich den Club Méditerrané aus, wo jede Minute des Aufenthalts verplant ist. Schließlich konnte ich es nicht mehr aushalten, und ich machte Schluß mit ihm. Und wissen Sie was? Er konnte einfach nicht begreifen warum. ‹Wir haben doch immer soviel Spaß miteinander›, wiederholte er immer wieder. ‹Wir machen doch soviel zusammen.› Glauben Sie mir, der nächste Mann, mit dem ich mich einlasse, muß ein ganz ruhiger sein. Und wenn wir auch überhaupt nichts unternehmen, mir soll es recht sein, solange wir nur genug Zeit haben, einander wirklich kennenzulernen.»

Genug Zeit haben

Sally beschwerte sich zu Recht. Bei den dauernden Aktivitäten und Unternehmungen war es unmöglich, daß die beiden sich wirklich ernsthaft näherkamen. Der Drang, jede Stunde des Tages mit Aktivitäten auszufüllen, kann eine sehr wirksame Barriere gegen jede Entwicklung von sexueller Anziehung sein. Selbst in einer Ehe kann zuviel Beschäftigung das Wachsen von Verständnis füreinander verhindern. Wenn einer der Partner ein Hobby hat, das ihm keine Zeit für etwas anderes läßt, dann kann das eine Beziehung untergraben:

Verständnis muß wachsen können

«Er war früher Bauunternehmer, hat sich aber jetzt vom

Geschäft zurückgezogen, und ich hatte gehofft, daß wir in diesen Jahren einander wieder näherkommen würden. Er hatte immer soviel gearbeitet, kam erst spät nach Hause und brachte sich dann noch etwas zum Arbeiten mit. Wir waren uns beinahe fremd geworden. Als er dann aber aufgehört hatte, konzentrierte er sich ganz darauf, Modelle von Schaufelbaggern zu bauen. Er hat einen Werkraum im Keller und stellt alle Einzelteile selbst her. Seine Modelle sind so gut, daß die Firmen ihm Tausende von Dollar dafür zahlen. Ich sollte wohl froh sein, daß er so beschäftigt ist und daß wir noch Extrageld haben, aber ich bin es nicht. Ich komme mir überflüssig und vernachlässigt vor, genau wie am Anfang unserer Ehe, wo er noch soviel arbeiten mußte. Wofür das alles? Jetzt, wo wir die Möglichkeit hätten, uns aufeinander zu konzentrieren, hat er mehr denn je zu tun, ist immer beschäftigt, und ich glaube, meine Gefühle für ihn sterben langsam ab.»

Sich fremd werden

Absterben der Gefühle

Diese Klage ähnelte der eines Mannes, der meinte, daß seine Frau Hausarbeit vorschob, um keine sexuelle Stimmung aufkommen zu lassen. «Sie hat ewig etwas zu tun. Wenn sie nicht kocht, dann muß sie saubermachen oder etwas für die Kinder tun. Ich weiß, daß Dinge sich nicht von allein erledigen, aber mein Gott, sie ist jede Minute des Tages mit irgend etwas beschäftigt, und wir, sie und ich, haben keine Zeit füreinander.»

Das Gegenteil kann natürlich auch die Entwicklung von sexuellem Interesse behindern. Wenn der Partner lethargisch ist, immer nur die Nase ins Buch steckt oder den ganzen Abend vor dem Fernseher verbringt, kann das für den anderen genauso frustrierend sein.

Zu intelligent oder zu dumm

Die intellektuelle Barriere

Eins der wirksamsten Mittel, mit dem man sexuelle Attraktion abblocken oder zerstören kann, ist eine intellektuelle Barriere. Jemand, der gebildet ist, aber nicht genug von Psychologie versteht, kann in eine Situation kommen, wo er mit zuviel großspurigen und komplizierten Worten Eindruck machen will. Der Eindruck aber, den er hinterläßt, ist meistens nicht der, den er erhofft. «Ich mochte Richard eigentlich gleich», erzählte uns eine junge Frau. «Er sieht gut aus und hat eine gute Figur. Als ich dann noch erfuhr, daß er moderne Literatur studiert, war ich begeistert. Das ist nämlich auch mein Fach. Nach zehn Minuten Unterhaltung mit ihm war ich allerdings ernüchtert. Es war, als ob er den ganzen Tag ein Wörterbuch gelesen hätte und nun unbedingt jedes schwierige Wort anbringen wollte. Mein Interesse an ihm war weg.» *Schwätzer*

Aber auch das Gegenteil kann schlimm sein. Eine andere junge Frau erzählte uns von einer Verabredung mit einem professionellen Sportler, die sie getroffen hatte, ohne den Mann vorher gesehen zu haben. «Mir blieb beinahe die Luft weg, als ich ihn kennenlernte. Er sah einfach toll aus, groß und blond, mit leuchtend blauen Augen, *Schön aber wort-* und diese Schultern! Aber schon nach einer halben Stunde *karg* war meine Begeisterung wie weggeblasen. Man konnte sich mit ihm überhaupt nicht unterhalten. Er las nichts, hatte von Politik keine Ahnung und auch kein Interesse. An Musik, an Tanz oder am Theater lag ihm nichts. Ja, über Sport konnte man reden, aber das war auch alles. Was mich zu Anfang so beeindruckt hatte, war jetzt unwichtig geworden.»

Später erfuhren wir, daß der Sportler eigentlich gar nicht der Einfaltspinsel war, als der er sich dargestellt hatte. Irgendwann einmal war er zu der Überzeugung gekommen, daß Frauen den starken, stillen Typ Mann bevorzugen, daß es der sexuellen Anziehung entgegenwirkt, wenn man zu intelligent ist und daß niemand einem schönen, aber einfältigen Mann widerstehen kann.

Sich dümmer darzustellen, als man ist, ist ebenso unattraktiv wie so zu tun, als ob man besonders intelligent sei. *Nichts vortäu-* Wenn einer sagt: «Ich habe nicht studiert und kann des- *schen* halb Ihre Aussage nicht verstehen», auch wenn es sarkastisch gemeint ist, so ist es häufig doch nur eine Ausrede dafür, daß man sich keine Mühe geben will.

Wenn man erst einmal darüber nachdenkt, fallen einem

immer mehr Dinge ein, die eine sexuelle Anziehung erschweren. Da gibt es die Menschen, die wenig Verbindung zur Realität haben und immer wie in einer anderen Welt leben. John ist so einer. Er vergißt Verabredungen, ist nie pünktlich, wechselt die Stellung häufig, weil «die letzte immer so langweilig» war. «Ich muß an zu viele andere Dinge denken», was das aber ist, weiß niemand. Seine letzte Freundin, Martha, hat es einen Monat mit ihm ausgehalten, bevor sie aufgab. «Erst dachte ich wirklich, daß wir füreinander etwas Besonderes sind, aber mir wurde so langsam klar, daß ich John sehr wenig bedeute. Sonst würde er ja nicht immer unsere Verabredungen vergessen, würde nicht mitten in einer Unterhaltung abschalten oder würde sich nicht den ganzen Abend in seiner eigenen kleinen Welt abkapseln.» John war ganz verstört, als Martha ihn verließ. Er konnte nicht verstehen, was passiert war und auch nicht, daß seine Pose des Zerstreuten jede echte Kommunikation blockierte. Als Reaktion auf diese letzte Beziehung befreundete sich Martha als nächstes mit einem Mann, der immer etwas distanziert wirkte und sich fest im Griff hatte. Er lebte ganz sicher in keiner Traumwelt. Aber diese Verbindung war auch nicht von Dauer. «Das Problem war», erklärte Martha traurig, «er war so beherrscht, ließ sich nichts vormachen, ich konnte eigentlich nie durch seine Schale dringen, um zu sehen, ob er auch richtige Gefühle besaß.»

Diese Pose des Überlegenen war der Entwicklung von sexuellen Gefühlen ebenso hinderlich wie Johns Pose des Zerstreuten.

Angst, verletzt zu werden

All das läuft auf folgendes hinaus: Barrieren, egal wodurch sie verursacht werden, halten uns davon ab, einander besser kennenzulernen, zu verstehen und dem anderen die intimsten Gefühle mitzuteilen. Damit ein sexuelles Interesse am anderen entstehen und auch von Dauer sein kann, müssen sich Mann und Frau öffnen, sich so zeigen, wie sie sind, und die Schwächen des anderen verstehen.

«Ich habe mich an dem Abend in Ted verliebt, als er mir gestand, daß er ein Feigling sei», war Tammys etwas schockierende Behauptung. «Wir kannten uns zwei Wochen und hatten viele Gemeinsamkeiten entdeckt, aber ich war mir nicht sicher, was ich wirklich von ihm hielt. Ich bin nicht besonders prüde, aber ich springe auch nicht gleich mit jedem ins Bett. Ich möchte einen Mann besser kennen, bevor ich mich ernsthaft in ihn verliebe, und obgleich ich Ted sehr gern hatte, hatte ich nicht den Eindruck, daß ich ihn wirklich kannte. Er war sehr witzig, aber ich hatte den Eindruck, daß er mit seinen dauernden Witzen und komischen Bemerkungen einen sehr persönlichen Teil von sich selbst verstecken wollte.

Eines Abends fingen wir an, über die Zeit zu sprechen, als wir uns noch nicht kannten, und er wurde plötzlich ganz ernst. Er erzählte mir, daß er einmal als Kind mit seinem besten Freund spielte und plötzlich eine Bande von Jugendlichen kam, sie umzingelte und Geld forderte. ‹Ich hatte Angst und suchte in meinen Taschen nach Kleingeld›, sagte Ted, ‹und dann sah ich plötzlich eine Lücke in der Umzingelung, ich schoß durch diese Lücke hindurch und rannte, solange ich konnte. Ich hatte eine solche Angst, daß ich nur weg wollte. Mein Freund schaffte es nicht und wurde ordentlich verhauen. Ich hätte dableiben sollen, um ihm zu helfen, aber ich tat es nicht. Ich war zu feige. Er wollte später wieder mein Freund sein, aber ich konnte ihm einfach nicht mehr ins Gesicht sehen …› Er zögerte, ehe er fortfuhr: ‹… und irgendwie habe ich mich damit nie auseinandersetzen können.› Er sah mich mit gesenktem Kopf von unten her an. ‹Jetzt weißt du das Schlimmste von mir, ich bin ein richtiger Feigling.› In dem Augenblick empfand ich eine solch überströmende Liebe für diesen erwachsenen Mann, der da so traurig und niedergeschlagen vor mir stand, daß ich nicht anders konnte und ihn umarmte. ‹Du bist überhaupt kein Feigling›, sagte ich, ‹du hast viel Mut gebraucht, um mir das zu erzählen.› Zum erstenmal hatte ich an diesem Abend das Gefühl, daß er endlich die Barrieren niedergerissen hatte, die er durch sein dauerndes Witzemachen aufgerichtet hatte und daß er mich endlich den echten Menschen sehen ließ. Dieser Moment der Offenbarung, als er mir sein schmähliches Geheimnis anvertraute, war der Moment, wo er mir auch sexuell attraktiv erschien, und ich verliebte mich Hals über Kopf in ihn.»

Sexuelle Intimität und Offenheit

Zwei der wichtigsten Faktoren für eine Beziehung sind Offenheit und Akzeptieren. Wenn man ein echt intimes, persönliches Verhältnis mit einem anderen Menschen hat, dann muß man sich dem anderen ohne Furcht vor schlimmen Folgen öffnen können.

Die Sünden der Väter

Zu den vielen Hindernissen, die wir selbst aufbauen, um eine sexuelle Anziehung zu blockieren, kommen noch Probleme, die ganz plötzlich auftauchen und den Zauber der sexuellen Spannung zerstören. Wir trafen häufig auf Menschen, die diese phantastische Anziehung zwar erlebt, diese sexuelle Spannung gespürt hatten; dann aber, wenn sie mit der ersehnten Person im Bett waren, war der Zauber fort und die Spannung wie weggeblasen. Wir versuchten dieses Problem etwas besser zu verstehen, herauszufinden, wodurch die gegenseitige sexuelle Anziehung erst aufgebaut und dann zerstört wird. Wir fragten deshalb Dr. Avodah Offit, eine Sexualtherapeutin, was denn ihrer Meinung nach diese gegenseitige sexuelle Anziehung entstehen läßt. «Ich glaube, Sie müssen erst verstehen, daß das entweder nach dem Prinzip der Erregung oder auch nach dem Prinzip der Entspannung geschehen kann. Es hört sich widersprüchlich an, daß Gegensätze wie Erregung und Entspannung letzten Endes zu denselben Ergebnissen führen sollen, aber das hängt mit dem merkwürdigen Widerspruch in der menschlichen Psyche zusammen. Wenn ich in meinem Beruf impotenten Männern dabei helfen will, in sexuelle Erregung zu kommen,

Nachlassen der sexuellen Spannung

Erregung und Entspannung

dann muß ich ihnen erst beibringen, sich zu entspannen. *Hilfe bei Impo-*
Wenn sie sich wirklich entspannen können und nicht mehr *tenz*
versuchen, irgend etwas zu leisten, wenn sie sich einfach
nur auf das liebevolle Miteinander konzentrieren können
und darauf, ihren Partner zu befriedigen, dann wird die
Erektion meistens von ganz allein kommen. Eine Methode, unseren Patienten zu helfen, sich zu entspannen,
ist, eine Umgebung für sie zu schaffen, die ruhig, friedlich
und idyllisch ist. Ein nervöser Mann, der zu verspannt ist,
um eine Erektion zu haben, findet vielleicht den Typ einer
ruhigen, eher lässigen Frau sehr entspannend und gleichzeitig sehr sexy. Wenn er mit einer solchen Person zusammen ist, ist er der Lösung seines Problems nahe. Auf der
anderen Seite kann auf einen sehr ruhigen Mann eine
ebenso ruhige Frau nicht stimulierend genug wirken. Für
ihn ist die etwas nervöse und theatralische Frau weitaus
interessanter. Vielleicht fürchtet er sich sogar ein bißchen
vor ihr, was seine Erregung noch steigert. Das ist natürlich
nur meine eigene Theorie für den Grund, warum sich
Menschen mit entgegengesetzten Persönlichkeiten so *Gegensätze zie-*
häufig voneinander angezogen fühlen. Es hängt davon ab, *hen sich an?*
ob der andere erregend oder entspannend auf dich wirken
soll.»

«Ihre Theorie beruht also auf der Tatsache, daß sich Gegensätze anziehen, daß die sexuelle Spannung am leichte-
sten entsteht, wenn die Betreffenden entgegengesetzte
Persönlichkeiten haben.»

«Das ist häufig der Fall», stimmte Dr. Offit zu. «Natürlich gibt es Ausnahmen, und zwar so viele, daß ich noch
nicht einmal ganz sicher bin, ob sich meine Theorie aufrechterhalten läßt. Aber da sie häufig genug bestätigt
wird, muß schon etwas dran sein.»

Eine praktizierende Psychologin berichtete uns von einem Fall, der zu den Ausnahmen gehörte. «Eine meiner *Ausnahmen be-*
Patientinnen erzählte mir von einem faszinierenden Vor- *stätigen die Regel*
fall, das heißt, ich fand ihn psychologisch interessant.
Diese Patientin war neulich bei einer Gesellschaft und
wurde einem Mann vorgestellt, der auf demselben Gebiet
arbeitete wie sie, nämlich russische Kultur. Er arbeitete

gerade an einem Buch und sprach ausführlich und etwas angeberisch von seiner Arbeit. Er sah durchschnittlich aus, war aber sehr hochmütig, ein arroganter Alleswisser, schnippisch und verächtlich in der Art, wie er sprach und keine anderen Argumente gelten ließ; und doch machte er das auf eine brillante Weise. Sehr unsympathisch, wenn Sie mich fragen.»

Faszinierend unsympathisch

«Wie fand sie ihn denn?» fragten wir.

«Ja, das ist das Faszinierende dabei, sie sagte, als sie ihm zuhörte, hätte sie sich stark von ihm angezogen gefühlt, auf eine sexuelle Weise. Sie wollte ihm unbedingt gefallen, wollte, daß er sie respektierte und konnte ihm auch wirklich Hinweise auf Quellenmaterial geben. Er war angenehm überrascht, und sie freute sich über die Anerkennung.»

«Aber fand sie wirklich seine arrogante Haltung anziehend?»

«Nicht nur das, es war genau das richtige für sie. Sie sagte mir, daß sie es sehr männlich, sehr sexy fand. Ich konnte ihr anfangs kaum glauben, aber in meiner Praxis habe ich schon mit den merkwürdigsten Auslösern für sexuelle Attraktion zu tun gehabt. Ich fing an, sie ein bißchen auszufragen, nach ihrer Herkunft und ihren Eltern. Plötzlich riß sie die Augen groß auf und sagte: ‹Natürlich, jetzt weiß ich, warum. Er hatte die gleiche hochmütige

Wie mein Vater ...

Intelligenz wie mein Vater. Er wies mich zurecht, wie es mein Vater immer getan hatte, und ich fand das wunderbar. Ist das nicht verrückt?›

Es stellte sich heraus, daß sie Männer attraktiv, sexy und männlich fand, die wie ihr Vater waren, die sie immer etwas verächtlich behandelten, die arrogant waren und sich auf ihre intellektuelle Überlegenheit viel einbildeten.

Eltern als Vorbilder

Unsere Eltern sind unsere frühesten Vorbilder. Wir versuchen nicht nur so wie der gleichgeschlechtliche Elternteil zu sein, sondern wir suchen später auch unseren Partner danach aus, ob er dem anderen Elternteil ähnelt. Eine Frau kann sich also durchaus sexuell von einem Mann angezogen fühlen, der sie an ihren Vater erinnert, obgleich sie mit einem solchen Mann sehr unglücklich sein kann.

Ein junger Mann sucht nach einem Mädchen, das seiner Mutter ähnelt. Auf eine gewisse Weise, nehme ich an, pflanzen sich so die Sünden der Väter in den Kindern fort.»

Auf der anderen Seite ist es natürlich auch so, daß wir Menschen attraktiv finden, die die guten Eigenschaften unserer Eltern besitzen. Wenn eine Frau einen ausgeglichenen, toleranten Vater hat, dann sucht sie auch bei ihrem Geliebten nach diesen Eigenschaften und kann enttäuscht sein, wenn sie sie nicht findet.

Vergebliche Suche

Sexuell attraktiv bleiben

Liebe in ungewöhnlichen Situationen

Liebe in der Mittagspause

«Die anderen Männer im Büro haben mich immer wegen meiner langen Mittagspausen aufgezogen», sagte Michael. «Damit sie damit aufhören, erzählte ich ihnen schließlich, daß ich eine Affäre mit einer anderen Frau hätte, und da ich Frau und zwei Kinder habe, könnte ich nur die Mittagspause mit meiner Geliebten verbringen. Ich verzog keine Miene dabei; sie waren nicht nur beeindruckt, sondern es war ihnen auch peinlich genug, daß sie sich nicht mehr über mich lustig machten. Seltsamerweise hat das mein Ansehen im Büro erhöht.» – «Aber was ist mit dieser Affäre? War das nicht etwas riskant, ihnen davon zu erzählen?»

«Das ist ja der Clou dabei. Ich brauche zwanzig Minuten mit der U-Bahn von meinem Haus bis zum Büro und fahre mittags immer nach Hause. Meine Frau holt mich am Bahnhof ab, wir haben dann eine halbe Stunde ganz für uns; dann bringt sie mich wieder zum Bahnhof, und ich fahre ins Büro. Wenn ich den anderen im Büro jemals die Wahrheit sagte, dann würden sie mich ewig damit aufziehen. Eine Liebschaft mit der eigenen Frau! Aber so halten sie den Mund.»

«Aber warum dieser Aufstand, nur um mit der eigenen Frau zu schlafen? Sie schlafen doch jede Nacht im selben Bett!»

Michael grinste. «Ich nehme an, es gibt viele Gründe. Einmal sind wir abends immer so müde. Ich bin vor sieben nicht zu Hause, und häufig bringe ich noch Arbeit vom Büro mit. Und Margie ist müde von Kindern und Haushalt. Abends sind wir einfach erschöpft. Das hat mich auf diese Idee gebracht, und außerdem ist es irgendwie auch etwas Besonderes.»

Etwas Besonderes

«Aber machen Sie sich nicht eine Menge Umstände?»

«Warum? Als ich noch unverheiratet war, habe ich ja auch eine oder zwei Stunden nicht gescheut, um ein Mädchen nach Hause zu bringen, wenn da die Chance war, daß daraus was würde. Das Wichtigste bei der ganzen Sache ist, daß wir beide ein Geheimnis haben. Wir haben eine Zeit miteinander, von der noch nicht einmal die Kinder wissen. Um die Wahrheit zu sagen, unser ganzes Eheleben ist dadurch verändert worden. Es knistert wieder zwischen uns.» *Ein Geheimnis zu zweit*

Ein anderes Ehepaar kam auf eine andere Idee. «Es fing eines Abends an, als wir uns gerade zum Ausgehen fertig machten», berichtete Steve, ein Maler. «Ich stand am Waschbecken und war gerade mit dem Rasieren fertig, und Marlene war aus der Dusche gestiegen. Der Spiegel war noch ganz beschlagen; ich machte eine Ecke frei, um mein Gesicht zu sehen und sah Marlene im Spiegel, die sich beugte, um ihre Füße abzutrocknen. Es war später Nachmittag, die Sonne stand tief und gab ein orangenes Licht, was Marlene umhüllte. Sie sah wie ein Gemälde von *Momentauf-* Rubens aus, und ich war plötzlich sehr erregt. ‹Entweder *nahme* muß ich sie noch in diesem Moment malen, oder mit ihr ins Bett gehen›, sagte ich zu mir selbst. Ich wischte mir den letzten Rasierschaum vom Gesicht, drehte mich um und strich ihr über den Rücken. Sie starrte mich einen Augenblick lang überrascht an und lächelte dann. Es war ziemlich deutlich, was ich empfand, und wir umarmten und küßten uns schon im Badezimmer. ‹Wir müssen in einer halben Stunde weg, wenn wir die Thompsons treffen wollen›, murmelte Marlene noch, und ich sagte, ‹wir brauchen keine halbe Stunde.›

Brauchten wir auch nicht; es war der schnellste aber aufregendste Sex, den wir seit Jahren gehabt hatten. Ich weiß nicht, warum wir beide so erregt waren, vielleicht die Tatsache, daß wir wenig Zeit hatten, daß es so unerwartet und spontan und dringend war. Wir kamen nur ein paar Minuten zu spät zu unserer Verabredung, und an dem Abend waren wir beide wirklich bester Laune. Ich glaube, das lag daran, daß wir ein Geheimnis hatten, wovon niemand etwas wissen sollte. Wir brauchten uns nur anzusehen und mußten lächeln.»

Dieser «schnelle Sex» war für Steve und Marlene so aufregend, weil er sehr spontan war. Ihr sexuelles Beisammensein, das zur Routine und etwas langweilig geworden war, war plötzlich aufregend und anders.

Streiten und ver-
söhnen

Viele Ehepaare fangen Streit miteinander an, nur damit eine sexuelle Spannung zwischen ihnen entsteht. «Am Wochenende scheinen wir uns immer wie verrückt zu streiten», gab ein Paar zu. «Manchmal wissen wir noch nicht einmal weshalb. Wir merken nur, daß es uns irgendwie aufrüttelt, wir uns lebendiger fühlen und Sex für uns intensiver und interessanter wird. Jeder Streit endet nämlich mit einem aufregenden Zusammensein im Bett. Wir glauben allerdings nicht, daß das auf die Dauer gut ist; wir sind zwar durch den Streit aufgekratzt, aber irgendwie nagt das auch an unserer Beziehung. Ich muß immer an die Zeiten denken, wo wir diese künstlichen Streitereien noch nicht brauchten, um einander zu begehren.»

Erinnerung an
früher

Ein anderes, älteres Paar hatte auf beinahe philosophische Weise den Verlust von sexueller Spannung akzeptiert. «Für mich ist die Erinnerung an ein sexuelles Zusammensein wichtig», sagte der Ehemann gedankenvoll. «Als wir jung waren, wurde ich schon stimuliert, wenn sich meine Frau auszog, wenn ich ihren nackten Busen sah oder nur, wie sich ihr Hinterteil durch einen Rock abzeichnete. Es war immer ein Trieb in mir vorhanden, der in solchen Momenten zum aktiven Verlangen wurde. Jetzt ist von dem Trieb nicht mehr viel vorhanden, aber die Erinnerung daran, wie es einmal war, wirkt noch stimulierend auf mich. Ich will dann mit meiner Frau schlafen, nicht weil ich es noch so brauche wie früher, sondern weil ich mich daran erinnere, wie aufregend es einmal war.»

Verändern der
Routine

Ein Eheberater, mit dem wir sprachen, gab zu, daß häufig die leidenschaftliche Liebe zu einer kameradschaftlichen wird, die von Langeweile nicht allzuweit entfernt liegt. «Die Lösung liegt im Verändern der Routine», schlug er vor. «Wenn du feststellst, daß dein Partner plötzlich etwas Ungewöhnliches tut, dann ist dir das vielleicht zu Anfang unangenehm, du weißt nicht, was du denken sollst, aber manchmal ist eine Ungewißheit wichtig für die sexuelle Spannung zwischen zwei Menschen. Du stehst etwas Unbekanntem gegenüber, möchtest es besiegen oder dich unterwerfen. Ich glaube, daß man sich das sexuelle Interesse am anderen besser erhalten kann, wenn man dieses Stadium der Ungewißheit auf eine positive Weise hin und wieder herbeiführt.»

Besiegen oder unterwerfen

Das Paar, das sich dauernd stritt, wußte intuitiv, daß es die sexuelle Spannung wieder in seine Beziehung einbringen mußte, aber bei dem Versuch, das zu erreichen, geriet es zu weit in die verkehrte Richtung. Dauerndes Meckern und Streiten kann eine Beziehung zerstören. Ein Streit hin und wieder ist etwas anderes, häufig wird dadurch die Atmosphäre gereinigt, und die sexuelle Anziehungskraft wird wieder wirksam.

Weg von der Routine!

Im vorigen Kapitel haben wir gesehen, daß erhöhte Emotionen zu sexueller Spannung zwischen zwei Menschen führen können. Man kann diese Emotionen allerdings steigern, ohne daß man miteinander streitet. Wir kennen ein Paar, das zu diesem Zweck sado-masochistische Methoden anwandte, wobei intime Phantasievorstellungen von Versklavung und Schmerz, die beide hatten, eine Rolle spielten. Dieses Verhalten löst vielleicht eine Weile lang das Problem oder scheint es zu lösen, aber schließlich stellt sich häufig ein Schuldgefühl ein. Das Paar kann dann nur noch über den Umweg der Phantasie Befriedigung erlangen und versucht nicht, an der Beziehung selbst zu arbeiten. Wenn im sexuellen Akt ein Partner durch eine Phantasiegestalt ersetzt wird, dann wird die intime Verbindung der Liebenden empfindlich gestört.

Sado-Masochismus

Phantasiegestalt

Das Paar meinte, daß zwar die sexuelle Spannung zwischen ihnen wieder vorhanden wäre, aber sie schämten sich der Methoden, die sie anwendeten. Auch andere

Paare, die versuchten, durch Partnertausch ihr Liebesleben etwas interessanter zu machen, fühlten ähnlich. Sex zu dritt oder viert blieb letzten Endes unbefriedigend, weil eine echte Intimität nicht möglich war. Ein anderes Paar benutzte eine Methode, bei der Phantasievorstellungen, allerdings ohne Schuldgefühle, eine Rolle spielten. Sie gingen allein aus und hatten sich in einer Bar verabredet, wo sie sich wie Fremde trafen. Dort lernten sie sich dann «kennen», vor den Augen der ihnen unbekannten Barbesucher. Beide fanden das spannend, und es erhöhte das sexuelle Interesse aneinander.

Hier war das Unbekannte wichtig, das Gefühl von etwas Neuem, die Illusion von Gefahr oder Furcht.

Mehr Leben in eine sexuelle Verbindung bringt auch die Veränderung der täglichen Umgebung.

«Ein Urlaub wirkt Wunder», sagte uns ein junges Paar. Beide hatten einen Beruf, der ihnen viel bedeutete; und der sie auch in der Freizeit beschäftigte. «Ich komme um sieben nach Hause», sagte der Ehemann, «und wir sind dann beide zu müde, um uns ein richtiges Abendessen zu kochen. Entweder gehen wir dann nebenan ins Restaurant, um einen Happen zu essen, oder wir essen, was sich zufällig noch im Kühlschrank befindet. Dann setzen wir uns beide wieder an die Arbeit, meistens bis elf. Hin und wieder schaffen wir es, die Spätnachrichten zu sehen, bevor wir ins Bett fallen.»

«Am Wochenende ist es nicht viel besser», fügte seine Frau hinzu. «Wir können von Glück sagen, wenn wir Samstag- oder Sonntagabend mit ein paar Freunden zu-

sammensitzen. Aber ich sage Ihnen, wenn unser Urlaub da ist, dann können wir es auch kaum noch abwarten, was das Ganze nur noch schöner macht. Wir suchen uns unsere Ferienorte sorgfältig aus; sie müssen neu und interessant sein. Wir wollen etwas anderes kennenlernen, wollen Dinge sehen, die wir noch nie gesehen haben und Leute treffen, die uns fremd sind. Letztes Jahr flogen wir nach England und fuhren weiter auf die Hebriden. Es war wie eine andere Welt und wie ein anderes Leben. Wir waren zwei neue Menschen, die sich in einem fremden, unbekannten Land, an einem interessanten Ort getroffen hatten, und plötzlich war die sexuelle Spannung zwischen uns wieder da. In zwei phantastischen Wochen haben wir unser Liebesleben erneuert.»

Ein anderes Paar wartete nicht einmal auf den Urlaub, um seine Gefühle füreinander aufzufrischen. «Jedes zweite Wochenende machen wir uns frei, pfeifen auf die Arbeit, lassen Haus und Kinder in den Händen des Babysitters. Dann gehen wir in ein elegantes Hotel in der Stadt. *Hotelwochen-*
Es ist zwar teuer, aber das ist es uns wert.» *ende*

«Ich gehe als erstes ins Badezimmer und lasse ein Bad ein», sagte die Ehefrau, «ein richtiges parfümiertes Schaumbad, und entspanne mich darin. Im allgemeinen leistet Carl mir da Gesellschaft. Wir lassen uns etwas Alkoholisches von der Bar kommen, ziehen uns an und lassen uns viel Zeit beim Abendessen im Hotel. Wir tanzen und flirten miteinander und schieben das Schlafengehen hinaus, bis es wirklich zwischen uns knistert. Ein oder zwei solcher Nächte reichen aus; wir kehren nach Hause zurück und fühlen uns wie neu geboren.»

In allen diesen Fällen ist es das Wichtigste, daß das routinemäßige Verhalten abgebaut wird, das fast immer die Folge einer langen Beziehung ist. Man sieht einander in anderer Umgebung und in einer anderen Rolle. «Meine *Rollenverände-*
Frau ist dann nicht mehr nur Mutter», meinte einer. *rung*
«Wenn wir so etwas machen, dann läßt sie das ganze Drum und Dran des Mutterdaseins hinter sich und wird wieder das amüsante, geistreiche, junge Mädchen, das ich geheiratet habe.» Seine Frau nickte dazu und meinte: «Und er ist dann auch nicht mehr so gehetzt. Er läßt die Arbeit Arbeit sein, konzentriert sich auf mich und wird wieder zu meinem Geliebten. Es schmeichelt mir, und das alte Feuer, was wir füreinander gefühlt haben, wird wieder geschürt, die Flamme, die eigentlich noch vorhanden ist, *Raus aus dem*
aber doch von all den Sorgen und Aufgaben des täglichen *täglichen Trott*
Lebens zugeschüttet wird.»

Ein anderes Paar erreichte dasselbe Ziel auf eine etwas andere Weise. «Wir brechen aus der Routine aus», erklärte uns Nora. «Zum Beispiel besorgt Harry plötzlich Thea-

terkarten, wenn ich es am wenigsten erwartet habe, und
ruft mich erst an, wenn er auf dem Heimweg ist. Dann
heißt es: ‹Heute abend gehen wir aus, erst Abendessen
und dann Theater. Mach dich fertig.› Manchmal kommt es
mir auch verrückt vor. Vielleicht habe ich sogar schon mit
dem Kochen angefangen, oder ich bin müde und schlechter Laune und will eigentlich nur zu Hause sitzen. Aber es
ist dann doch immer möglich, das Essen einzufrieren oder
bis morgen aufzubewahren. Und irgendwie ist dann auch
meine Müdigkeit wie weggeblasen, wenn ich etwas so un-
Festlicher Abend   erwartet vorhabe. Es ist so festlich, weil es eine solche
Überraschung ist; und wenn wir nach einem solchen
Abend nach Hause kommen, dann ist das sexuelle Interesse aneinander wieder ganz groß.»

Manchmal ist Urlaub oder Essengehen oder Theater
nicht nötig, um die Routine des sexuellen Miteinanders zu
verändern. Das Drumherum einer Beziehung kann auch,
ohne daß man das Haus verläßt, verändert werden, so daß
die alten Gefühle wieder zum Leben erweckt werden.
Man kann zum Beispiel einen romantischen Abend zu
Hause planen. Mit etwas Wein und Kerzenlicht kann ein
einfaches Mahl etwas ganz Besonderes werden. Sanfte
Musik im Hintergrund, ein unerwarteter Blumenstrauß
vom Ehemann, ein besonders liebevoll zubereitetes Essen
können dabei helfen, die Freuden und Aufregungen der
jungen Liebe wieder zu empfinden. Man kann auch noch
anderes aus dieser ersten Zeit zum Leben erwecken, kleine
Gesten, die im Laufe einer langen Beziehung oder Ehe
vernachlässigt worden sind, die wegfallen, einfach weil
man zuviel für selbstverständlich nimmt. Du kannst beginnen, den Partner wieder als Geliebten zu sehen und
Komplimente   ihm oder ihr wieder kleine, persönliche Komplimente machen wie früher: wie hübsch sie heute aussieht; wie attraktiv er ist. Oder man kann all das erwähnen, was man schon
früher an dem anderen gemocht hat: das Haar, die Haut,
die Augen, den Körper und die attraktive Kleidung. Wenn
man diese Komplimente überzeugend vorbringt und nicht
zu dick aufträgt, dann kann eine etwas langweilige Beziehung ein ganz neues und belebendes Element bekommen.

Eine Ehefrau berichtete uns, daß sich ihre Beziehung verändert habe, als ihr Mann ihr in unerwarteten Momenten zeigte, daß er sie begehrte. «Manchmal vergaßen wir dann einfach, daß wir essen oder ins Kino gehen wollten. Für mich war dieses unerwartete sexuelle Miteinander immer ein Beweis dafür, daß wir einander noch wollten.»

Bei den Bemühungen, aus der Routine auszubrechen, sollte man auch an die Reaktion des Partners denken. *Die Reaktion des* *Partners* Diese Frau reagierte mit Begeisterung. Eine andere Ehefrau beklagte sich sehr darüber, daß ihr Mann immer zu den falschen Zeiten Annäherungsversuche machte. «Warum zum Teufel ist er immer dann stimuliert, wenn *Stimuliert zur fal-* *schen Zeit* ich einfach nicht reagieren kann, wenn ich mitten beim Essenkochen bin oder eine Arbeit tue, auf die ich mich konzentrieren muß? Gerade dann kann er nicht mehr warten. Und wie ist es, wenn wir zusammen im Bett sind? Dann ist er zu müde, oder er muß noch etwas fertig lesen, oder er muß viel Schlaf haben, weil morgen ein schwerer Tag vor ihm liegt. Die Zeiten, die er sich zum Sex aussucht, sind für mich immer verkehrt, es ist immer dann, wenn ich nicht auf ihn reagieren kann.»

Andere Frauen finden dieses spontane Lieben schön. *Spontan lieben*

«Das Tolle an Robert ist, daß er in den unmöglichsten Augenblicken an Sex denkt», sagte eine Frau fröhlich. «Er kommt zum Beispiel in die Küche, und ich stecke bis zu den Ellenbogen im Abwasch; aber er weiß, wie er mich anfassen muß, und in kurzer Zeit lieben wir uns schon gleich da, wo wir sind. Es ist albern und verrückt, aber ich *Albern und ver-* *rückt* finde es wunderbar. Mir wird bewußt, daß ich sexy bin, selbst wenn meine Hände voller Mehl und meine Haare unordentlich sind und ich meine alte Küchenschürze umhabe. Mir schmeichelt das sehr, und mein Selbstbewußtsein steigt.»

Robert überzeugte seine Frau davon, daß sie das Wichtigste in seinem Leben war, wichtiger als Arbeit oder Nahrung, und daß er leicht auf beides verzichten würde, nur um mit ihr zusammen zu sein. Für beide war es eine gute Methode, die sexuelle Spannung zwischen sich nie abklingen zu lassen.

Die Ehefrau, die meinte, daß ihr Mann immer zur falschen Zeit Lust hatte, ärgerte sich, weil sie glaubte, daß er damit nur an seine eigenen Bedürfnisse, an seinen eigenen sexuellen Appetit dachte und es ihm scheinbar egal war, was sie dabei empfand. Auf sie wirkten seine Annäherungsversuche nur selbstsüchtig und egoistisch, und jegliches Gefühl, was sie vielleicht gehabt haben könnte, wurde im Keim erstickt.

Selbstsüchtig und egoistisch

Sagen, was man wirklich will

Ein Psychologe wies uns darauf hin, daß es sehr wichtig sei, schon in den ersten Tagen einer Ehe oder einer intimen Beziehung eine Basis für ein befriedigendes sexuelles Verhältnis zu schaffen, indem man den Partner wissen lasse, was man beim sexuellen Zusammensein schätzt und was nicht. «Eine meiner Patientinnen, eine junge Frau, kam zu mir und beklagte sich bitterlich. Nach fünf Jahren schien ihre Ehe am Zusammenbrechen zu sein. ‹Unsere Ehe ist am Schlafzimmer zerbrochen!› sagte sie ein bißchen dramatisch. Als ich sie bat, mir das näher zu erklären, sagte sie, daß ihr Mann im Bett nie das täte, was sie wirklich wolle, daß er sie nie auf die richtige Weise streichelte. ‹Haben Sie ihm denn gesagt, was für Sie gut ist?› fragte ich. Sie zog traurig die Augenbrauen hoch. ‹Das nicht, aber wenn er mich wirklich liebte, dann würde er das schon wissen, dann müßte ich es ihm nicht sagen.› Es brauchte eine Weile, bis ich sie überzeugt hatte, daß es keine Zauberformel für Liebende gibt, daß man nicht instinktiv weiß, was man tun und was man lassen soll. ‹Es ist etwas, was Sie beide lernen müssen›, erklärte ich ihr. ‹Und Sie müssen es miteinander lernen. Jeder muß dem anderen sagen, was er oder sie angenehm und aufregend findet und was ihm oder ihr unangenehm ist. Das hätte gleich am Anfang Ihrer Ehe passieren sollen. Es ist unrealistisch zu erwarten, daß Ihr Geliebter automatisch weiß, was Sie wollen.›»

Keine Zauberformel für Liebende

«Einer der Gründe, warum das sexuelle Interesse aneinander in einer Beziehung so oft abstirbt», erklärte uns der Psychologe weiter, «ist, daß wir dazu neigen, zu hohe Anforderungen an Sex zu stellen. Wir erwarten immer, daß die Funken sprühen, daß wir uns dabei auf den höchsten Höhen der Erregung befinden, daß es keine intensivere Emotion gibt. An andere Aspekte unseres Lebens stellen wir keine solchen Ansprüche. Wir erwarten nicht von jeder Mahlzeit, daß sie zu einem Gourmet-Erlebnis wird. Warum muß Sex immer etwas so Besonderes sein?

Zu hohe Anforderungen

Ich hatte eine Patientin, eine dreißigjährige Frau, die zum erstenmal in ihrem Leben mit einem Mann zusammenlebte. Im großen und ganzen hatten die beiden eine gute Beziehung, aber ganz allmählich fing sie an, ihr Verhältnis zu unterminieren und zu zerstören.»

Muß Sex immer etwas Besonderes sein?

«Auf welche Weise?» fragten wir.

«Allein durch ihre Erwartungshaltung und dauerndes Sorgen. Sie machte sich Gedanken um ihre sexuelle Attraktivität, dachte, daß sie nicht genug Sex, dann wieder daß sie zuviel hätten. Sie maß ihr Liebesleben immer an irgendwelchen inneren Maßstäben und kam zu unbefriedigenden Ergebnissen. Sie fragte sich, ob ihr Liebesleben wohl normal sei, ob es bei anderen Paaren nicht besser lief, und allmählich wurde dieses dauernde Zweifeln so stark, daß es anfing, ihre Beziehung zu zerstören; das gegenseitige sexuelle Interesse aneinander nahm ab. Sie war eine Frau, die ihre Zweifel und Unsicherheiten auch auf andere Gebiete ihres Lebens ausdehnte. Wenn sie ausging und einen Hosenanzug anhatte und eine Frau im Kleid traf, dann meinte sie sofort, daß ein Kleid eleganter gewesen wäre. Oder wenn sie ein Kleid anhatte und die andere Frau einen Hosenanzug, dann meinte sie, daß die Hosen doch schicker aussahen. Wenn man es genau betrachtet, so war sie einfach unfähig, sich so wie sie war zu akzeptieren, ihr Liebesleben als das zu nehmen, was es war und überhaupt Realitäten zu akzeptieren.»

Liebesleben nach Norm

Die Realitäten akzeptieren

Realitäten nicht zu akzeptieren, kann auch heißen, daß man seinen Partner nicht als den oder die akzeptieren will, die er oder sie ist. Eine junge Frau beklagte sich, daß ihr

Liebhaber zwar gut im Bett sei, aber nicht viel redet. Sie mag es, wenn der Mann sich gut und gerne verbal ausdrücken kann. Sie gab zu, daß ihr vieles an ihrem Partner gefiel, aber sie hatte Schwierigkeiten, ihn so zu akzeptieren, wie er war. Er sollte nicht nur gut, sondern perfekt sein, und das Ergebnis war, daß sie seine Fehler übertrieb und sich damit unglücklich machte.

Zerstörerischer Perfektionismus

Was wir daraus lernen können, ist folgendes: häufig, wenn das sexuelle Interesse nachzulassen scheint, suchen wir in der sexuellen Beziehung selbst nach dem Grund dafür. Was ist denn bloß mit der magischen Anziehung geschehen, die zwischen uns bestanden hatte, fragen wir uns. Wo ist das Feuer geblieben?

Probleme der Partnerschaft

In Wahrheit liegt das Problem meistens in der Partnerschaft und nicht im Sexualleben. Ärger und Enttäuschung, wenn dein Geliebter vergißt, dich für deine Leistungen zu loben, dir Komplimente zu machen und schließlich ein Einrosten der Kommunikation kann entscheidend zu dem echten Problem beitragen.

Anne beklagte sich, daß nach sieben Jahre Ehe jegliche sexuelle Spannung zwischen ihr und ihrem Mann vorbei sei. «Ich nehme an, es ist albern zu hoffen, daß so etwas von Dauer ist. Das ist doch alles nur romantischer Quatsch, oder? Aber irgendwie bin ich sehr deprimiert. Ich fühle mich angebunden, nicht genug anerkannt, bin eigentlich nur ein Diener für Mann und Baby. Aber Diener werden wenigstens bezahlt und müssen auch keine sexuellen Dienste leisten.»

Als wir sie näher befragten, stellte sich heraus, daß Annes Schwierigkeiten nicht in der sexuellen Beziehung zwischen ihr und ihrem Mann lagen, sondern daran, was aus ihrer Ehe selbst geworden war. Sie gab zu, daß ihr Mann einen sehr anstrengenden Beruf habe. «Wenn er wie oft spät nach Hause kommt, dann ist das Baby schon im Bett; ihm steht das Geschäft bis hier, und er kann einfach nicht abschalten. Beim Abendbrot erzählt er mir dann von seiner Arbeit, und danach setzt er sich eine Stunde vor den Fernseher, bevor wir ins Bett gehen. Und dann will er Sex! Ich komme mir ausgenutzt vor. Er fragt nie, wie mein Tag

Abendbrot, Fernsehen und dann Sex!

wohl gewesen ist, was mit dem Baby ist oder mit dem Haushalt. Sicher, es interessiert ihn nicht, aber für mich ist es auch langweilig. Vielleicht wäre es besser, wenn wir darüber sprechen könnten. Sein Arbeitstag interessiert mich auch nicht besonders, aber ich höre doch zu, oder?»

In Anne staut sich soviel Ärger auf ihren Mann auf, daß es unmöglich für sie ist, etwas sexuell zu empfinden. Ihre Gefühle sind vielleicht nur verschüttet, aber sie können erst dann wieder an die Oberfläche kommen, wenn die beiden gelernt haben, über die grundlegenden Probleme in ihrer Ehe zu sprechen.

Blockiert durch Frust

Liebe hat viele Gesichter

Evas drei Lieben

«Ich habe mich in den vergangenen sieben Monaten drei-mal verliebt, was auch erwidert wurde», berichtete Eva, «und jedesmal in einen anderen Mann.» – «Und heute?» – «Das Witzige ist, ich treffe mich noch mit allen dreien, und die sexuelle Spannung ist immer noch da. Natürlich weiß keiner von den anderen. Ich glaube, Chris wäre es egal. Ihn habe ich zuerst kennengelernt, und ich mochte ihn gleich. Wir sind sehr gerne zusammen, er ist beinahe wie ein Bruder, aber ein netter Bruder, der mich versteht und mich mag. Unsere sexuelle Verbindung beruht eigent-lich auf einer sehr großen Zuneigung füreinander. Wir *Seelenverwandt* mögen dieselben Dinge, dieselben Sportarten, dieselben Filme und sehen uns sogar dieselben Serien im Fernsehen an. Ich dachte immer, wenn ich jemals an eine ernsthafte Verbindung mit einem Mann dächte, dann müßte es so jemand wie Chris sein. Es ist so unproblematisch mit ihm.»

«Was ist mit den anderen?»

«Ich lernte Phil einen Monat nach Chris kennen. Wir waren zusammen bei einer Party, bei der Scharaden aufge-führt wurden. Wir waren ein Team und gewannen auch. Es ist komisch, aber es bestand da so eine Art Telepathie zwischen uns. Ich erriet das Wort schon, bevor Phil es überhaupt dargestellt hatte. Wir verstanden uns sofort. Die Sache ist die, er wollte sich mit mir treffen, und ich *Liebe – ein span-* hatte auch nichts dagegen. Für Phil ist Liebe selbst eine *nendes Spiel* Art Spiel. Er hat mir einmal gesagt, daß für ihn Liebe wie ein guter Wein sei. Man soll sich daran erfreuen, es aber nicht übertreiben. So ist Phil nun mal. Wir fühlen uns se-xuell zueinander hingezogen, aber es ist auch ein großer Abstand zwischen uns da. Es ist merkwürdig, aber ich habe nie das Gefühl gehabt, daß ich Chris mit Phil betrüge, weil Phil soviel Wert auf seine Unabhängigkeit legt. Er will nicht, daß ich mich zu sehr an ihn binde; sein eigenes Leben ist zu wichtig für ihn. Und das ist mir zur Zeit gerade recht. Ich finde ihn attraktiv, und wir haben auch miteinander geschlafen. Ich habe viel Spaß mit Phil. Es ist nicht so wie mit Chris. Mit Chris habe ich viel gemeinsam, mit Phil habe ich Spaß. Ich weiß, daß er auch mit anderen Frauen zusammen ist, aber darüber kann ich mich ja nun nicht beklagen. Phil ist kein Mann, der das Stetige liebt.»

Unverbindliches Vergnügen

«Und Ihr dritter Geliebter?» fragten wir.

«O ja, Jack. Das ist nun wieder etwas ganz anderes.» Sie zögerte und schüttelte den Kopf. «Ich habe Jack erst vor zwei Wochen kennengelernt und weiß noch nicht so recht. Es ist ziemlich kompliziert geworden. In den letzten Wochen kam ich mir wie ein Jongleur vor, der immer drei Dinge auf einmal im Gleichgewicht halten muß, bloß daß es sich bei mir um drei Männer handelt, um Chris, Phil und Jack. Ich könnte das mit drei Phils schaffen oder mit einem Chris und zwei Phils, aber mit Jack ist das etwas ganz anderes.

Wie ein Jongleur

Ich lernte ihn in einem Konzert kennen. Wir saßen nebeneinander, und mir fiel auf, daß er mich statt der Bühne ansah. Schließlich fing ich seinen Blick auf, er entschuldigte sich, und hinterher unterhielten wir uns. Er lud mich auf ein Glas ein, und am nächsten Tag rief er mich bei meiner Arbeit an. Ich ging mit ihm aus, weil ich an dem Abend nach dem Konzert eine so starke sexuelle Anziehungskraft verspürt hatte. Ich wußte, daß es ihm auch so gegangen war.»

Sie zögerte. «Jack ist anders als Chris und Phil. Es ist so aufregend, wenn wir zusammen sind, eine erhöhte Energie besteht zwischen uns, und ich habe den Eindruck, daß er mich, so wie ich bin, mag. Er bemerkt Dinge: mein Haar, meine Kleidung und meine Augen. Ich wette, Chris weiß noch nicht einmal, welche Farbe meine Augen haben. Mit Jack ist das ganz anders, er kennt mich genau. Er möchte sich jeden Tag mit mir treffen, und das ist das Problem. Ich würde Chris und Phil ungern aufgeben, aber ich weiß, daß Jack keinen andern Mann neben sich dulden

Intensiv und verbindlich

würde. Er möchte mir immer nahe sein. Ja, wir haben miteinander geschlafen, und das war auch sehr schön. Er ist verdammt gut im Bett, und es werden keine Spielchen gespielt wie mit Phil. Jack ist offen und ehrlich, und er ist auch nicht eifersüchtig oder besitzergreifend. Es ist nur *Er meint es ernst'* ... er meint es ernst! Ich glaube, das ist das richtige Wort. Wenn ich wirklich weiter mit ihm befreundet sein will, dann kann es nur ihn und mich geben; aber irgendwie möchte ich Phil und Chris noch nicht aufgeben. Auf eine Weise liebe ich sie auch und fühle mich noch stark von ihnen angezogen.»

Die Farben der Liebe

Es ist ungewöhnlich, aber nicht unmöglich, daß jemand wie Eva in mehr als eine Person gleichzeitig verliebt ist. In unserer Kultur wird eine solche Situation im allgemeinen *Liebe und Moral* unmoralisch genannt, aber unsere Moralvorstellungen von Liebe beruhen auf der westlichen Einstellung zur Religion. Wir haben das Konzept *eines* Gottes akzeptiert, und wir akzeptieren ebenso das Konzept *einer* Liebe, ob das nun gut oder schlecht ist, sei dahingestellt. Wir finden es unmoralisch, wenn man in mehr als einen Menschen gleichzeitig verliebt ist, aber dennoch passiert es sogar ziemlich oft.

Besonders interessant an Evas drei Liebhabern ist, daß sie alle so unterschiedlich sind und daß sie beinahe drei *Drei Arten von* verschiedene Arten von Liebe symbolisieren. Der Sozio- *Liebe* loge Dr. John Alan Lee verglich Liebe und sexuelle Anziehung mit einem Farbenrad. Er beschreibt drei grundsätzliche Arten von Liebe, wie es auch drei Grundfarben gibt.

Rot Die intensivste Liebe, die er mit der Farbe Rot im Farbenspektrum vergleicht, nennt er «Eros» (von dem griechischen Wort für Liebe); diese Liebe hat ein sehr starkes sexuelles Element. Das ist die Liebe, die Jack für Eva empfindet. Ein wichtiger Bestandteil ist eine sofortige und starke sexuelle Attraktion; ebenso typisch ist der «Alles oder Nichts»-Faktor dabei. Merkwürdigerweise spielt Eifersucht keine besonders große Rolle; Liebende vom Typ Eros sind weniger besitzergreifend, Untreue wäre allerdings das Ende der Beziehung, da sie sich auf Vertrauen aufbaut. Eva war es klar, daß sie ihre anderen Liebhaber aufgeben mußte, wenn sie Jack halten wollte.

Den zweiten Grundtyp von Liebe nennt Dr. Lee «Ludus», was aus dem Lateinischen kommt und Spiel oder Sport heißt. Für diese Art von Liebe ist das Ganze nur ein Spiel, in dem es keine Verpflichtungen gibt und andere Beziehungen gleichzeitig erlaubt sind. Phil beherrscht dieses Spiel bis zur Perfektion. Er achtet darauf, daß das Ganze nie zu ernst wird und will sich an keine Frau wirklich binden. Bei der Ludus-Liebe ist eine sexuelle Reaktion auf den anderen schnell vorhanden, selten ist sie allerdings so stark wie in der Eros-Liebe. Phil fühlte sich von Eva sexuell angezogen, aber er erlaubte sich nie, sich in sie zu verlieben. Er wollte nie eine ganz enge Bindung an seine Freundin. Er war immer etwas distanziert, hatte seine Gefühle im Griff und erwartete, daß seine Freundin dasselbe tat, das gleiche Spiel spielte. Ludus ist eine unabhängige, leichtherzige Liebe, und Dr. Lee verglich sie in seinem Farbenrad mit der Farbe Blau.

Blau

Der dritte Grundtyp der Liebe wird mit «Storge» bezeichnet, was aus dem Griechischen kommt und natürliche Zuneigung bedeutet. Damit wird eine Zuneigung beschrieben, die die Betreffenden eng verbindet, aber mehr durch eine tiefe Freundschaft als durch wahre Liebe. Chris verkörperte diesen Typ; er war ein echter Freund, und Eva sagte, daß sie noch keine sexuellen Beziehungen mit ihm gehabt habe. «Wir sind genauso zufrieden, wenn wir uns nur umarmen und küssen. Wir haben zwar geglaubt, daß es irgendwann schon passieren würde, aber es war uns nicht eilig damit. Es ist komisch», fügte sie hinzu, «ich weiß, daß ich mit Phil brechen muß, und ich weiß, daß wir das beide gut überstehen werden, aber Chris möchte ich behalten. Er wird mir immer ein guter Freund bleiben.»

Freundschaft ist das wichtigste Element dieser Liebe. In

der Storge-Liebe mußt du nicht dauernd an deinen Geliebten denken. Ihr fühlt euch miteinander wohl und unternehmt gerne etwas zusammen. Ihr habt ähnliche Interessen und vermeidet es, die Gefühle des anderen auf irgendeine Weise zu manipulieren. Es ist eine entspannte Beziehung zweier Menschen, und Dr. Lee vergleicht diese Liebe mit der leuchtenden, klaren Farbe Gelb.

Gelb

Wie bei den Farben gibt es auch bei der Liebe Sekundärtypen, behauptet Dr. Lee. Sekundärfarben sind Grün, Lila und Orange. Bei den Sekundärlieben gibt es «Mania» (aus dem Griechischen, es bedeutet «verrückt sein»), eine besitzergreifende, eifersüchtige, fanatische Liebe, die man zwischen Ludus und Eros einordnen kann. Dr. Lee nennt diese Liebe lila, wir würden sie als grün bezeichnen. Die Liebe, die für ihn grün ist, liegt zwischen Ludus und Storge; er nennt sie «Pragma» (von dem griechischen Wort für Tat), eine sachliche, realistischere Art von Liebe. Der Farbe Orange, die zwischen dem roten Eros und dem gelben Storge liegt, ordnet Dr. Lee «Agape» zu. Es ist das griechische Wort für Nächstenliebe; bei dieser Liebe spielt Pflicht, Selbstlosigkeit und Aufopferung eine große Rolle, und es gibt sie nur selten.

Lila

Orange

Welche Liebe ist die richtige?

Man kann die verschiedenen Arten von Liebe und sexueller Attraktion nicht moralisch beurteilen. Wir können nicht sagen, daß die im wesentlichen sexuelle Eros-Liebe, die Eva für Jack empfand, besser ist als die Ludus-Liebe, wo alles ein Spiel ist, die ihr Phil anbot, oder als die Storge-Liebe, diese Art von Geschwisterliebe, die sie für Chris empfand. Sie wählte Eros. Eine andere Frau hätte sich vielleicht für die freundschaftliche oder die spielerische Liebe entschieden.

Schluß machen mit Chris war sehr einfach für Eva. Sie war ehrlich und sagte ihm, was Jack ihr bedeutete und was er, Chris, ihr bedeutete. «Ich möchte, daß du immer mein Freund bleibst», sagte sie schließlich. Chris war zwar etwas verletzt, aber er verstand sie und fügte sich, wenn auch zögernd.

Mit Phil war das allerdings etwas anderes. Eva wußte, daß sie ihn mit der Wahrheit zu sehr verletzen würde, und dazu hatte sie ihn zu gern. «Und so spielte ich ein kleines Spielchen mit ihm, was er ja sowieso immer so gern tat», gab sie zu. «Ich fing an von Ehe und Kindern zu sprechen, von Bindung, von alldem, was ihn abschrecken würde. Und das klappte auch. Er wollte nur Beziehungen, die er lösen konnte, wann er wollte. Also gab ich ihm ein paar Falschmeldungen, die ihn Schluß machen ließen und ihm das Gefühl gaben, das er weiterhin alles unter Kontrolle hatte. Er braucht das.»

Schlußmachen ist ein sehr ernster Aspekt der sexuellen *Schluß machen* Bindung zweier Menschen. Irgendwann erkennst du vielleicht wie Eva, daß eine Beziehung verkehrt ist und gelöst werden muß, aber aus irgendeinem Grund hast du Hemmungen, derjenige zu sein, der den ersten Schritt macht. Eva entschloß sich, mit einem ihrer Freunde ehrlich zu sein und den anderen zu manipulieren. Ihr war klar, daß die Methode dem Partner und der Art von Liebe angepaßt *Unterschiedliche* werden mußte, die zwischen ihnen bestanden hatte. *Methoden*

Wir sprachen mit einem Mann, der über ein Jahr lang eine intensive Beziehung zu einer Frau hatte. «Und nun habe ich vor zwei Monaten eine andere kennengelernt und wußte sofort, daß es die Richtige ist. Wir verstanden uns gleich und mir wurde plötzlich klar, daß meine andere Beziehung nicht so befriedigend war und daß ich Schluß machen mußte. Ich entschloß mich dazu, ganz ehrlich zu sein und sagte ihr, warum ich sie verlassen mußte. Gott, das war wohl der größte Fehler meines Lebens. Sie tat so, als ob ich sie betrogen hätte, und dabei hatten wir uns doch nie etwas versprochen, hatten kein festes Abkommen. Für mich war es nur eine Liebesaffäre, für sie war es ihr Lebensinhalt. Sie drohte mit Selbstmord, wollte meine *Selbstmord-* neue Freundin anrufen und ihr alles über uns erzählen, sie *drohungen* bettelte, ich möchte es mir doch noch einmal überlegen – es war einfach furchtbar, richtig deprimierend. Ich bin so fertig, daß ich im Augenblick auch nichts mit meiner neuen Freundin zu tun haben möchte; ich will einfach allein sein und alles überdenken.»

Die Liebesbeziehung, die der Mann lösen wollte, war, zumindest für seine Partnerin, die Art von Liebe, die Dr.

Lee mit Mania bezeichnet, eine eifersüchtige, fanatische, besitzergreifende Liebe. In so einem Fall ist Ehrlichkeit nie besonders günstig. Er hätte lieber auf eine Weise Schluß machen sollen, bei der er nicht hätte sagen müssen, was wirklich passiert war; allerdings gibt es wahrscheinlich in so einem Fall keine besonders elegante Methode.

Er lernte daraus, daß er besonders vorsichtig sein mußte, bevor er eine Affäre anfing. In einigen Fällen wird das Ego durch diese manische Liebe besonders gestärkt. Man scheint der ganze Lebensinhalt des anderen zu werden. Aber dieses Besitzenwollen des anderen kann auch enorm belasten. Man nimmt viel auf sich, wenn man für einen anderen die Welt bedeutet, und diese Last kann man nicht leicht wieder loswerden.

Die manische Liebe

Nur selten kann man eine Affäre auf eine sanfte Art beenden, ohne dem anderen weh zu tun. Deshalb ist es vielleicht besser, daß man sorgfältig überlegt, bevor man sich auf eine sexuelle Beziehung einläßt. Zu welchem Typ Liebhaber zählst du? Was für einen Geliebten möchtest du? Dr. Lee hat neun verschiedene Typen entdeckt, von denen wir sechs aufführen. Es wird dir dabei helfen festzustellen, wer am besten zu dir paßt und mit welcher Art von «Liebe» du nichts zu tun haben möchtest, was mindestens ebenso wichtig ist. Wenn du dich dann von einer anderen Person stark angezogen fühlst, tritt einen Schritt zurück und versuche zu analysieren, welche Art Liebe du von diesem Menschen erwarten kannst. Prüfe dich genau, ob du das willst; wenn ja, steht eurer Verbindung nichts mehr im Wege.

Welche Liebe liebst du?

Eros: Bei dieser Liebe ist der sexuelle Teil sehr wichtig. Du möchtest deinem Partner dauernd nahe sein. Du redest gern, liebst Berührungen und bist offen und ehrlich. Dir macht Sex Spaß, und du hast intensive Gefühle.

Intensiv

Ludus: Du liebst die Abwechslung. Du verliebst dich nicht Hals über Kopf, sondern du machst weiter wie bisher und hast nicht vor, die Zukunft mit deinem Geliebten zu teilen. Dir ist deine Privatsphäre wichtig, Liebe ist ein Spiel, und du willst das Ganze nicht zu

Spielerisch

ernst nehmen. Für dich ist Liebe ein angenehmer Zustand, der von beiden Partnern genossen wird.

Storge: Deine Liebe ist wie eine tiefe Freundschaft. Du möchtest zwar gern mit deinem Partner zusammen sein, aber er ist nicht das einzig Wichtige in deinem Leben. Du bist ein eher ruhiger Mensch ohne besonders starke Gefühle, und du bist ein wenig schüchtern, wenn es um Sex geht. *Freundschaftlich*

Mania: Bei dieser Art Liebe beschäftigt man sich ausschließlich und intensiv mit dem Geliebten. Du willst dauernd mit ihm zusammen sein, kannst die Verbindung nicht lösen und bist besitzergreifend, eifersüchtig, von dieser Liebe wie besessen und fühlst dich rundherum unglücklich. Und gerade das nennst du wahre Liebe. *Besitzergreifend*

Pragma: Du weißt, was du von einem Partner willst; wenn du ihn getroffen hast, dann ändert sich an deinem Leben nicht viel. Du bist vernünftig, ob es sich nun um neue Bekanntschaften, Sex oder eine engere Bindung handelt. Szenen sind dir zuwider. Ach ja, du glaubst auch, daß es niemanden gibt, für den sich ein großes Opfer lohnt. *Vernunft*

Agape: Dieses ist eine pflichtbewußte, selbstlose Art von Liebe, die du jemandem gibst, egal, wie schwierig es sein mag. Du liebst, ohne auf persönliche Vorteile zu hoffen. Du mußt wahrscheinlich eine Art Heiliger sein, damit du das fertigbringst. *Selbstlos*

Dies sind die drei grundlegenden Arten von Liebe und die drei Sekundärtypen. Es gibt natürlich Kombinationen aus diesen, aber für unsere Zwecke genügt es, wenn wir uns auf die sechs Typen beschränken. Es gibt sehr wenige Liebesverbindungen, die in ihren Grundzügen nicht durch eine der sechs Typen beschrieben würden.

Eine Beziehung beenden

Wenn du eine Beziehung beenden oder die sexuelle Attraktion zwischen euch unterbrechen willst, bevor daraus eine Affäre werden kann, dann muß dein Vorgehen davon abhängen, zu was für einem Typ dein Liebster/deine Liebste gehört. Es gibt keine richtige und keine falsche Methode, nur das, was in einer bestimmten Situation richtig oder falsch ist. Einige Methoden kommen uns allerdings ein bißchen sonderbar vor!

Es gibt kein richtig oder falsch

Charles hält sich ein wenig für einen Experten in Sachen Liebe und ist ganz sicher ein ludischer Typ. Er meinte, er habe eine bombensichere Methode, um eine Beziehung zu beenden.

Charles' Methode

«Zumindest dachte ich das, bis ich Rona kennenlernte. Wenn ich mit anderen Mädchen Schluß machen wollte, wenn mir eine Beziehung zu kompliziert und eng geworden war, dann wurde ich einfach unausstehlich. Ich fing an, bei Verabredungen immer unpünktlich zu sein oder vergaß sie sogar. Ich wurde unzuverlässig, mürrisch und egoistisch. Selbst im Bett wurde ich schlechter, und Sex mit mir wurde unbefriedigend. Das hat immer geklappt. Die Mädchen wurden ärgerlich und machten immer zuerst Schluß, und ich war frei! Und dazu hatte ich keinerlei Schuldgefühle wie sonst, wenn man jemandem sagen muß, daß es aus ist.

Rona ist anders

Dann traf ich Rona und verknallte mich sehr in sie. Alles war einfach wunderbar, und es wurde mir klar, daß es diesmal gefunkt hatte und daß meine Zukunft in einer Ehe mit ihr lag. Das einzige Problem dabei war, daß ich zur Zeit noch mit vier anderen Frauen befreundet war, und ich wußte, daß ich es sehr geschickt anstellen mußte, damit sie mit mir Schluß machten. Aber ich hatte nicht mit Rona gerechnet. Als ich mich zum erstenmal an sie heranmachen wollte, bremste sie mich. ‹Gut Charlie, jetzt wollen wir einmal ganz ehrlich sein; hast du noch eine andere Freundin?› Ich wand mich und versuchte, mir eine Lüge auszudenken, aber es ging nicht. Rona sagte: ‹Ich will dir nicht zu nahe treten, aber bevor es mit uns ernst wird,

mußt du deinen anderen Freundinnen die Wahrheit sagen. Ich will nicht Mitglied eines Harems sein.› Und es war ihr ganz ernst damit. Jedem der Mädchen zu sagen, daß es aus sei, weil ich mich in jemand anderen verliebt hätte, war wohl das Schwierigste, was ich jemals tun mußte. Aber wissen Sie, als ich es dann hinter mir hatte, hatte ich eigentlich keine Schuldgefühle. Ich war nur sehr erleichtert. *Keine Schuld-*
Ehrlichkeit ist wichtig in einer Beziehung; das habe ich *gefühle*
von Rona gelernt.» Charles muß noch lernen, daß Ehrlichkeit nur in Fällen funktioniert, wo der Partner weder eifersüchtig noch fanatisch in seinen Gefühlen ist.

Wie schon erwähnt, es gibt keine einfache Methode, Schluß zu machen, aber es gibt verschiedene Möglichkeiten, vorausgesetzt, daß die Beziehung nicht einen mani- *Schwierigkeiten*
schen Anstrich hat und stark von Eifersucht bestimmt ist. *bei manischen*
Dann nämlich gibt es keine gute Methode; egal, was du zu *Beziehungen*
deinem Partner sagst, du kannst dich nicht elegant «aus der Affäre ziehen».

Wenn deine Beziehung in die Eros-Kategorie gehört, dann mußt du damit rechnen, dem Partner weh zu tun, oder ihn sehr wütend zu machen, wenn du diese Beziehung löst.

Die Probleme, die auftauchen, wenn man eine Beziehung lösen will, kann man umgehen, wenn man von Anfang an nicht zuläßt, daß sich eine ungute Faszination entwickelt. Eine Verliebtheit kann unpassend sein, weil es der falsche Mensch oder auch die verkehrte Situation ist. Aber kann man dieses Sich-Verlieben denn steuern? Kann man etwas dagegen tun, daß man sich in den falschen Men- *Verliebt in den*
schen verliebt? Kann man diese sexuelle Anziehung «ab- *falschen*
schalten», wenn es nötig ist? *Menschen*

Carla hatte sich den falschen Mann ausgesucht, nicht nur, weil er nicht zu ihr paßte, sondern auch, weil er zu dem manischen Typ Liebhaber gehörte, der eifersüchtig und wie besessen von ihr war. «Aber das schlimmste ist, daß er mein Chef ist», seufzte Carla. «Ich weiß nicht, was *Er ist mein Chef*
ich machen soll. Ich habe einen bösen Fehler gemacht, aber wenn ich jetzt Schluß machen will oder auch nur andeute, daß wir uns nicht mehr soviel sehen sollten, dann

wird er so wütend. Ich weiß, er würde mich entlassen, und ich brauche die Stelle doch.» Und so bleibt Carla weiterhin in dieser ungemütlichen Lage und hofft, daß schließlich ihr Chef von sich aus Schluß machen will. «Aber selbst das nützt mir nicht viel», sagte sie mutlos. «Wenn er Schluß macht, dann will er mich ja auch im Geschäft nicht mehr sehen. Das einzige, was mir bleibt, ist, mich hinter seinem Rücken um eine andere Stelle zu bewerben.»

Affäre mit der Sekretärin

Jims Problem war das Gegenteil von Carlas. Er hatte eine Affäre mit seiner Sekretärin angefangen. «Vom ersten Augenblick an gab es da diese sexuelle Spannung zwischen uns, gegen die ich einfach nicht ankam. Sie ist wirklich sehr lieb, interessiert sich für die gleichen Dinge wie ich, und es macht Spaß, mit ihr zusammen zu sein. Im Bett ist es nicht überwältigend mit ihr, aber gut.» Jims Beziehung war ludisch, aber er hatte genauso große Schwierigkeiten, Schluß zu machen wie Carla in ihrer manischen Beziehung.

Jim und Carla stehen vor einem schwierigen Problem. Es stimmt, daß man sich kaum davor hüten kann, sich von jemandem angezogen zu fühlen. Wenn das passiert, dann ist es wie ein Blitz aus heiterem Himmel; es sind Kräfte, die jenseits deiner Kontrolle liegen. Gleich zu Anfang ist da die physiologische Reaktion, gegen die man nichts tun kann. Aber selbst wenn diese Anfangsgefühle unvermeidlich sind, so kann man gegen sie noch wirkungsvoll, wenn

Der Trick mit dem Ehering

auch behutsam vorgehen. «Ich trage immer einen Ehering bei der Arbeit», sagte Gabi. «Ich bin nicht verheiratet, aber das weiß nur das Personalbüro, und dort ist man diskret. Immer wenn ich spüre, daß sich etwas anbahnt, fange ich an, mit meinem Ring zu spielen. Wie nebenbei lasse ich ein paar Worte über meinen ‹Mann› fallen, falls das Ringdrehen nichts nützt, das wirkt eigentlich immer. Falls ich aus irgendeinem Grund will, daß sich der andere weiterhin für mich interessiert, dann beichte ich ihm mein Geheimnis. Das wiederum schmeichelt ihm, weil es ihm sagt, daß ich ihm vertraue.»

Ein junger, erfolgreicher Geschäftsmann mit viel Charme hatte eine andere Methode. Er war verheiratet, trug aber keinen Ring. «Ringe sind mir unbequem», sagte er, «wenn aber eine Situation mit einer Frau zu brenzlig wird, ziehe ich Bilder von Frau und Kindern hervor und erzähle ihr von den Zahnschwierigkeiten der Kinder. Das hilft meistens.» *Familienbilder*

Das Wichtigste ist, daß du weißt, was du willst. Wenn du eine Affäre haben *willst*, dann kommt auch die beste Methode der Welt nicht dagegen an, denn dein ganzer Körper wird, ohne daß es dir bewußt wird, ausdrücken: «Ja, ich will, ich will!» Du glaubst vielleicht, daß du nichts anfangen willst, weil deine Vernunft dir sagt, daß es falsch, gefährlich oder nichts für dich ist, aber tief in deinem Herzen willst du es doch. Für Herz kann man auch Unterbewußtsein setzen. Dieser Flirt kann zwar gefährlich sein, aber er ist auch aufregend und stimulierend. Wie einer meiner Freunde meinte: «Dann spürt man wirklich, daß man lebt! Man sollte sich gegen diese magische Anziehungskraft nicht wehren. Sie ist so selten und so wunderbar!» *Wissen, was man wirklich will*

Vernunft oder Herz?

Weiß, Rot oder Blau?

«Wenn ich die sexuelle Attraktion beeinflussen will, wenn ich möchte, daß sie sich nach meinen Wünschen entwickelt, dann ziehe ich mich entsprechend an und trage die richtigen Farben», sagte Melissa, eine Modezeichnerin. Wir fragten, was sie mit richtigen Farben meinte. Sie überlegte einen Moment und sagte dann: «Zum Beispiel Schwarz und Weiß. Weiß ist jungfräulich, rein, unschuldig, unbefleckt. Wenn ich so wirken möchte, dann trage ich ein weißes Kleid, je länger desto besser. Es gibt natürlich Männer, die gerade das jungfräuliche Weiß interessant finden, andere ernüchtert es. Man muß eben seinen Mann kennen. Wenn ich dagegen Gefühle ermutigen will, versuche ich es mit Schwarz. Ein einfaches schwarzes Kleid, hochgeschlossen, kann sehr sexy sein, besonders wenn es einen tiefen Rückenausschnitt hat.» *Signalfarben der Mode*

Weiß = jungfräulich?

«Gilt die Regel für Schwarz und Weiß auch bei Männern?» fragten wir.

«Sicher. Wenn Weiß jungfräulich bedeutet, dann ist Schwarz eher verführerisch. Ein schwarzer Rollkragenpulli wirkt bei einem Mann sehr sexy. Schwarze Lederkleidung auch und noch eine Spur gefährlich dazu; ein schwarzer Abendanzug gibt dem, der ihn trägt, den Anstrich eines Mannes von Welt.» Wir suchten nach einer Verbindung zwischen Melissas Vorstellungen von Farben und Sexappeal und Dr. Lees Vorstellungen von Farben und Liebe und fragten deshalb: «Wie ist es mit Rot?» – «Rot ist gewagt. Eine gefallene Frau trug früher Rot; heute ist es die Frau mit Erfahrung, eine Frau, die Bescheid weiß. Rot ist für die erfahrene Geliebte.» Wir stimmten zu. Das paßte mit Dr. Lees Definition von Eros zusammen.

«Und Blau?»

«Oh, Blau ist eine kühle Farbe, zurückhaltend. Die Frau, die Blau trägt, hat alles unter Kontrolle. Menschen mit blauen Augen tragen natürlich gerne Blau, und man kann ihnen die sexuellen Gefühle leichter am Gesicht ablesen.»

«Das müssen Sie noch etwas besser erklären.»

«Das gehört zur Körpersprache. Große Pupillen sagen Ihnen, daß sich jemand für Sie interessiert; kleine Pupillen bedeuten Kälte und Desinteresse. Bei blauen Augen kann man die Größe der Pupillen leicht erkennen; dagegen kann man die Sprache der Pupillen bei Frauen mit schwarzen oder braunen Augen nicht so leicht verstehen. Deshalb werden blonde und blauäugige Frauen häufig als kühl eingeschätzt.»

«Oft findet man sie aber auch sexy.»

«Ja, niemand kann die Körpersprache perfekt verstehen.»

«Wie ist es mit gelber Kleidung?»

«Gelb ist hell, freundlich, sonnig und fröhlich; durch ein gelbes Kleid oder eine gelbe Bluse wird das auch ausgedrückt. Wie Sie sehen, kann man nahezu jedes Signal senden, wenn man nur die entsprechenden Farben für die Kleidung wählt.»

Schwarz = verführerisch?

Rot = erfahren?

Blau = kontrolliert?

Gelb = fröhlich?

158

Identifikation und Ideale

So sein wie der andere

Bei dem Versuch, Gründe für die sexuelle Anziehung zu finden, sprachen wir auch mit dem Psychiater Dr. Massao Miyamoto, der am New York Hospital arbeitet. Er ist Spezialist für die Aspekte von Narzißmus und Grenzfall-persönlichkeiten. Dr. Miyamoto behauptet, daß sexuelles Verlangen nach einer bestimmten Person auf einer anfäng-lichen Attraktion beruht, die mit dem «Prozeß der Identi-fikation» zu tun hat.

Als wir ihn baten, das näher zu erklären, sagte er: «Viel-leicht liegt es an der brillanten Intelligenz des anderen, vielleicht an seiner Sprechweise, an seinem Gesicht oder seiner Figur, vielleicht hat er auch nur eine besondere se-xuelle Ausstrahlung. Hier wird die Person idealisiert, aber *Idealisierung* das ist zu Anfang einer Beziehung sehr wichtig und ver- *des/r Geliebten* stärkt das Gefühl.

Wenn wir die Person dann besser kennenlernen, dann fällt diese Verherrlichung natürlich allmählich in sich zu-sammen. Wir stellen fest, daß das begehrte Wesen auch nur mit Wasser kocht, und zu unserer Ernüchterung ist es *Ernüchterung* nur ein ganz normaler Mensch.

Wenn wir ausgeglichen und vernünftig sind, dann fällt es uns nicht schwer, eine solche Person ebenso zu lieben. Wir sind ja alle nur Menschen, und die Attraktion zwi-schen zwei normalen Menschen kann genauso stark sein wie das Anhimmeln einer Idealgestalt. Es kann sogar leichter sein, sich in jemanden zu verlieben, wenn wir ihn erst richtig kennenlernen, wenn wir nicht nur seine guten Seiten, sondern auch die Fehler sehen.»

Was uns an Dr. Miyamotos Theorien jedoch besonders interessierte, war sein «Prozeß der Identifikation», die *Prozeß der Iden-* Theorie, daß eine sexuelle Anziehung dann besonders *tifikation* stark ist, wenn du in dem anderen Eigenschaften zu erkennen glaubst, die du entweder selbst hast oder gerne hättest. Die Frage war auch, ob dieser Prozeß ebenso zwischen zwei Männern bzw. zwei Frauen ablaufen kann.

Wir sprachen mit Marlen, einer geschiedenen, jungen Frau mit einem Kleinkind. Ihr Mann hatte sie schon vor der Geburt der Tochter verlassen, und sie zog ihr Kind allein auf.

Vorbild stellen

«Ich schaffe es schon», sagte sie. «Es ist nicht leicht, und wenn ich Stella nicht hätte, dann wäre es mir wohl schlechter gegangen. Es war so schwierig, eine Stellung zu finden, nachdem ich fünf Jahre lang Hausfrau gewesen war, dann das Baby, die Probleme mit den Tagesmüttern, es war beinahe zuviel für mich. Ich lernte Stella kennen, als ich noch im Krankenhaus war. Sie war Krankenschwester auf der Mütterstation, und irgendwie fühlten wir uns gleich vom ersten Augenblick an miteinander wohl. Sie kam häufig in mein Zimmer, wenn ich das Baby stillte, und wir unterhielten uns lange über alles, was uns gerade in den Sinn kam. Als ich aus dem Krankenhaus entlassen wurde, war es selbstverständlich, daß wir Freunde bleiben würden. Es kam mir so vor, als ob Stella all die Stärke und den Mut, den ich so dringend brauchte, besaß und auf mich übertragen konnte. Ihretwegen war ich mehr denn je entschlossen, es zu schaffen, war sicher, daß ich Arbeit finden und mich und mein Kind selbst unterhalten könnte. Ohne sie wäre ich dazu nicht fähig gewesen.»

Übertragung von Stärke und Mut

Marlen fand in Stella vielleicht nicht ihr eigenes Spiegelbild, aber doch ein Vorbild dafür, wie sie sein wollte und sein konnte. Ihre Freundschaft wurde sehr eng, ja intim, aber auf eine psychische und nicht physische Weise. «Wir verbrachten wunderbare lange Abende zusammen, wo wir über unsere persönlichsten Gefühle sprachen», sagte Marlen. «Wenn ich in Schwierigkeiten war, konnte ich Stella anrufen und umgekehrt. Sie war in vieler Weise der Freund, der mein Mann mir hätte sein sollen. Bestand zwischen uns auch eine sexuelle Anziehung? Ja, das schon, aber es war nie irgendwie physisch. Es ist nicht eine solche Art von Beziehung.»

Die enge Freundschaft

Freunde

Diese tiefe, stützende Freundschaft zwischen zwei Frauen *Frauen–Freund-*
ist heute häufiger anzutreffen. Scheidungen sind einfa- *schaft*
cher, und Frauen müssen nicht mehr ihr ganzes Leben lang
an einer schlechten Ehe festhalten. Aber die frisch geschie-
dene Frau, oft mit Kind, kommt sich auch heute noch
häufig wie allein in einer fremden Welt vor. Sie ist jetzt
selbständig, von niemandem abhängig, eine Erfahrung,
die neu und erschreckend sein kann. So findet sie in einer
anderen Frau oft die Freundschaft, Stärke und Unterstützung, die ihr im täglichen Leben hilft.

Männer brauchen die Hilfe von Freunden weniger, besonders von männlichen. In unserer Gesellschaft wird die
Selbständigkeit von Männern als selbstverständlich vorausgesetzt, und die meisten Männer versuchen diesem
Bild zu entsprechen. Scheidung und Alleinleben kann deshalb auch für den Mann ein großer Schock sein, aber er hat
nicht die gleichen Probleme wie die Frauen. Natürlich ist
auch er einsam, aber er löst dieses Problem meist durch
mehr Arbeit und betäubt sich mit anderen Aktivitäten.

Aber auch unter Männern gibt es häufig diese tiefen
Freundschaften, diese beinahe sexuelle Anziehung. Ju- *Männer–*
gendliche entwickeln häufig enge, tiefe Freundschaften *Freundschaft*
mit anderen Jungen. Männer in Berufen, wo sie ohne
Frauen auskommen müssen wie Cowboys oder Arbeiter
auf einsam gelegenen Bohrinseln, entwickeln manchmal
Freundschaften, die beinahe Karrikaturen einer Ehe sind,
mit all den Eifersüchteleien, dem Geschimpfe und der Zuneigung, allerdings meist ohne Sex.

So erzählte uns Hal, daß er diese Art von Freundschaft *Hal und Johnny*
an seinem Arbeitsplatz kennengelernt habe.

«Ich leite ein medizinisches Labor und stellte jemanden
ein, der zwar kein gelernter Techniker war, sondern der
uns nur aushelfen sollte, wo es gerade nötig war, der auch
die Glassachen reinigte und die Nährböden kochte.
Johnny wurde also eingestellt, ein angenehmer Mensch,
vielleicht nicht besonders gut ausgebildet, aber ein williger
Arbeiter. Als ich ihm am ersten Tag verschiedene Metho-

den zeigte, merkte ich, daß er schnell auffaßte; ich spürte eine Bereitwilligkeit, die mich beeindruckte ebenso wie eine gewisse Unabhängigkeit. In meiner Familie wurde man immer ein bißchen zu sehr behütet; Johnny schien mir jemand zu sein, der immer auf seinen eigenen Füßen landen würde. Er begriff schnell, was von ihm verlangt wurde und entwickelte eigene, ziemlich gute Arbeitsmethoden.

Wir fingen an, nach der Arbeit noch ein paar Bier zusammen zu trinken und unterhielten uns, oder besser gesagt, ich redete, und Johnny hörte zu; manchmal gabelten wir uns auch ein paar Mädchen auf. Das konnte Johnny sehr gut. Etwas an ihm zog Menschen an, Männer und Frauen. Teilweise war es sein Aussehen und teilweise sein Verhalten. Für einen wenig gebildeten Menschen war er erstaunlich geschickt im Umgang mit anderen, war angenehm selbstsicher. Mir gefiel das; es waren Eigenschaften, die ich selbst nicht besaß, aber gerne haben wollte; er mochte mich, weil ich so intelligent sei, wie er mir eines Abends nach etlichen Gläsern gestand. ‹Hal, ich kann dir stundenlang zuhören›, sagte er. ‹Wenn ich nur so sein könnte wie du.›

Ergänzende Eigenschaft

Bei Hals Freundschaft mit Johnny spielte der Aspekt der Widerspiegelung, des Vorbildes, von dem Dr. Miyamoto gesprochen hatte, eine große Rolle. Beide Männer waren von Eigenschaften des anderen angezogen, die sie selbst gern gehabt hätten. «Leider wurde unsere Freundschaft zu eng, man kann wohl sagen unnormal eng. Es wurde so, daß wir uns beinahe jeden Abend trafen, und ich glaube, wir beide hatten plötzlich Angst.»

«Aber wovor?» fragten wir.

Hal zuckte die Achseln, es war ihm offensichtlich peinlich. «Um es ganz deutlich zu sagen, wir hatten Angst, daß eine homosexuelle Beziehung daraus werden könnte. Verstehen Sie mich nicht falsch. Wir sind beide nicht schwul, es war nur so, daß wir uns beide gleichzeitig von dieser engen Bindung zurückzogen, weil wir nicht wollten, daß sich etwas Physisches entwickelte. Wir sahen uns seltener, arbeiten zwar noch zusammen, und ich mag Johnny auch

Angst vor einer homosexuellen Beziehung

genauso wie vorher, aber trotzdem ... Da kann man eben nichts machen.»

Die Psychoanalytikerin Dr. Althea Horner faßte zusammen, was Hal nur schwer ausdrücken konnte: «Die meisten Menschen haben Angst vor einer Freundschaft mit einem Menschen desselben Geschlechts; sie haben Angst, daß sich etwas anderes daraus entwickeln könnte.»

«Etwas anderes ...?»

«Eine sexuelle Beziehung mit dem Freund. Gewöhnlich können Männer zu zweit oder in einer Gruppe diese sexuelle Spannung zwischen sich auf symbolische Art und Weise entschärfen.»

«Zum Beispiel?»

«Sie haben Körperkontakt durch freundliches Boxen, Schubsen oder Kämpfen. Man beobachtet das besonders häufig unter Jugendlichen. Man sieht es auch bei Berufssportlern, die im Team spielen. Da fällt man sich um den Hals, wenn einer ein Tor geschossen hat; die gewünschte körperliche Nähe wird auf eine Weise erlangt, die unsere Gesellschaft akzeptieren kann. Bei Frauen gibt es da weniger Probleme, denn sie dürfen sich ohne weiteres umarmen und küssen, auch mal in der Öffentlichkeit Hand in Hand gehen. Noch ein anderer Faktor spielt bei der Tatsache eine Rolle, daß es für einen Mann schwieriger ist, eine tiefe Freundschaft mit einem anderen Mann zu haben. Das ist das Problem der Identifikation mit dem eigenen Geschlecht. Eine Frau, die hauptsächlich von ihrer Mutter aufgezogen wurde, hat keine Schwierigkeiten, sich mit ihrer Weiblichkeit zu identifizieren. Sie hat das Vorbild der Mutter vor Augen. Ein Mann, der von seiner Mutter aufgezogen wurde, hat häufig das Bedürfnis, mit dieser weiblichen Macht, die so wichtig für ihn war, zu brechen, um sich in seiner Männlichkeit zu behaupten. Er muß außerdem auch mit der weiblichen Macht in sich selbst brechen. Deshalb bedeutet eine enge Freundschaft mit einem Mann vielleicht eine Bedrohung. Es kommt so weit, daß er eine enge Beziehung mit einem anderen Mann fürchtet, weil dadurch seine Männlichkeit in Frage gestellt würde. Ihr Bekannter Hal, der, wie Sie sagen, fleißig, intelligent, aber

Körperkontakt als Abreaktion

Geschlechts-identifikation

Männlichkeit

163

nicht sehr selbständig ist, hatte vielleicht diese Bedenken und fand, daß es nur eine Lösung gab, nämlich Schluß zu machen oder wenigstens die Beziehung zu lockern.»

«Gibt es noch andere Möglichkeiten, mit einer solchen Freundschaft zurechtzukommen?» fragten wir.

Dr. Horner zuckte die Achseln. «Wenn diese starke gegenseitige Anziehung zwischen zwei Menschen desselben Geschlechts besteht, und glauben Sie mir, das passiert nicht selten, haben Sie drei Möglichkeiten, nein, eigentlich vier. Eine ist nämlich, die Beziehung, so wie sie ist, zu *Akzeptieren* akzeptieren, darüber froh zu sein, daraus zu lernen und soviel Gewinn wie möglich daraus zu ziehen.»

Das war bei der Freundschaft zwischen Marlen und Stella der Fall. Sie waren sich weiter sehr nah, und Marlen erfuhr Kraft und Unterstützung durch die Freundin. Hal und Johnny waren dazu nicht fähig.

«Für einen Mann ist das immer schwieriger, weil er das Problem mit der Geschlechtsidentifikation hat», versicherte uns Dr. Horner. «In unserer Kultur haben Männer immer noch eine große Furcht vor Homosexualität, selbst wenn sie gar nicht dahin tendieren.»

«Was sind die anderen drei Arten, wie man mit einer solchen Freundschaft umgehen kann?»

«Außer froh darüber zu sein? Ja, man kann die physi-*Symbolische* sche Seite durch symbolische Handlungen abschwächen; *Handlungen* bei Männern ist das im Mannschaftssport möglich; man boxt sich und albert herum; Frauen berühren einander, umarmen und küssen sich. Oder du kannst der Beziehung entfliehen, so wie Hal, kannst eine Freundschaft lösen, weil sie dir zu eng und gefährlich wird.»

«Und was ist die letzte Möglichkeit?»

Sie lächelte: «Ich nehme an, Sie würden sagen, der Ver-*Sexuelle Bezie-* führung nachgeben, die sexuelle Beziehung eingehen.» *hung*

«Würden Sie das empfehlen?»

«Ich empfehle überhaupt nichts. Ich sage nur und ganz ohne Wertung, daß das alles Möglichkeiten sind, mit der sexuellen Attraktion umzugehen, die zwischen zwei Menschen desselben Geschlechts auftritt, wie man handeln kann, wenn diese Anziehungskraft sehr stark wird: Du

kannst die starken Gefühle akzeptieren, kannst sie durch
symbolische Handlungen abschwächen, kannst vor ihnen
fliehen oder ihnen nachgeben und sie leben.»

Die Mentor-Schützling-Beziehung

Es gibt eine besondere Art von sexueller Anziehung, die
zwischen zwei Menschen bestehen kann; hier handelt es
sich um das Verhältnis zwischen Mentor und Schützling.
Ein Beispiel dafür ist die Beziehung zwischen Marlen und
Stella, wo eine ältere, erfahrene Frau einer jüngeren Stärke
und Unterstützung gibt.

Grundsätzlich besteht immer die Gefahr, daß aus einer
Mentor-Schützling-Beziehung eine enge Liebesbeziehung wird. Es beginnt mit dem Erfahrenen, der dem Wiß-
begierigen hilft und ihn leitet; daraus kann dann leicht eine
Beziehung werden, wo der Liebende die geliebte Person
führt und sie unterstützt. Beinahe immer ist in dem Men-
tor-Schützling-Verhältnis ein Element der Liebe enthal- *Element der*
ten. Die Wahrscheinlichkeit, daß daraus Liebe wird, ist *Liebe*
größer, wenn der Mentor durch seine schöpferische Kraft
dabei hilft, daß sich der Lernende zu einer neuen und stärkeren Persönlichkeit entwickelt.

Die klassische Sage von Pygmalion und Galatea hat *Pygmalion und*
Elemente der Mentor-Schützling-Beziehung. Pygmalion *Galatea*
schnitzt Galatea aus Elfenbein und wird von seinem Werk
so gefangengenommen, daß er sich in sie verliebt. Die Geschichte hat ein gutes Ende: die Göttin Aphrodite haucht
der kühlen Elfenbeinstatue von Galatea Leben ein, die
daraufhin von ihrem Podest hinuntersteigt und Pygmalion in die Arme fällt.

Eine sich entwickelnde Liebe in einer solchen Beziehung ist nicht immer gefährlich. Manchmal gibt es ganz
einfache Lösungen. Wir kennen einen Professor, einen *Professor und*
Witwer in den Sechzigern, der eine sehr begabte Studentin *Studentin*
hatte. Er ermutigte und half ihr, beriet sie und interessierte
sich sehr für ihre Arbeit. Schließlich veröffentlichte sie

ihre Arbeit, und irgendwann verliebte sie sich auch in ihn. Er war dreißig Jahre älter als sie, aber ihr war das ganz egal. Obgleich er Zweifel hatte und obgleich alle ihre Freunde ihnen davon abrieten, heirateten sie, und bisher sind sie glücklich und zufrieden miteinander.

Keine Konkur-
renz

«Solange sie die Rolle des Schützlings weiterspielt, kann die Ehe wahrscheinlich halten», meinte Dr. Horner zu dieser Geschichte. «Sie ist keine Konkurrenz für ihn. Er kann weiterhin Mentor für sie sein. Wenn sie aber ebenbürtig und unabhängig wird, dann kann es schon Schwierigkeiten geben. Häufig kann es der Mentor nicht ertragen, wenn sein Schützling erwachsen wird und sich selbständig macht.»

George und Tony

Bei George und Tony nahm die Beziehung eine andere Entwicklung. George arbeitete als Barkeeper, und Tony war Hilfskellner in dem dazugehörigen Restaurant. Tony war jung, eifrig, ein bißchen keck und übte irgendwie eine Wirkung auf George aus; bald fühlten sie sich stark voneinander angezogen. George hatte schon zehn Jahre lang in dieser Bar gearbeitet und war nicht nur im Mixen von Getränken sehr gut, sondern für seine Stammkunden auch jemand, an den man sich bei Problemen wenden konnte. Diese Eigenschaft fand Tony besonders bewundernswert. Eines Tages bat er George, ob der ihm nicht zeigen könnte, wie man hinter der Bar bediente. «In meinem Job habe ich ja keine Zukunft», sagte er mißmutig, «und zum richtigen Kellner machen sie mich hier schon gar nicht.» George war älter, geschieden und etwas ein

Wie Vater und
Sohn

sam. Tony war wie der Sohn, den er nie gehabt hatte, und George wurde ihm ein guter Vater. Allmählich wurde ihr Verhältnis immer enger. George brachte Tony bei, was er wußte und überredete die Besitzer der Bar, ihn doch zusammen mit ihm arbeiten zu lassen. Mit Georges Hilfe und Unterstützung meisterte Tony die Arbeit hinter der Bar immer besser. Er lernte von George, ein guter Zuhörer zu sein, und besonders alleinstehende Frauen sprachen gern mit ihm. «Ich bin wirklich stolz auf den Knaben», gestand George seinen Freunden, und er war es auch. Schließlich hatte er Tony zu dem gemacht, was er war, zumindest was seinen neuen Beruf anging. Alles wurde allerdings anders, als Tony eines Tages George erzählte, daß er eine neue Stelle in einem Restaurant am anderen Ende der Stadt angenommen habe, wo er viel mehr verdiene. «Das ist wirklich eine Sache mit Zukunft.»

George nickte, aber von dem Zeitpunkt an bis zu dem Tag, an dem Tony die neue Stelle antrat, war er kurz angebunden und kühl. Tony war verwirrt und konnte das nicht verstehen. Er war so sicher gewesen, daß George sich über diese günstige Gelegenheit für ihn freuen würde; statt dessen mußte er feststellen, daß er einen Freund verloren *Den Freund ver-* hatte und zwar einen seiner besten. *lieren*

Als wir Dr. Horner von diesem Fall erzählten, meinte sie: «Das ist ein klarer Fall vom Erwachsenwerden eines Schützlings, seinem Wunsch, unabhängig zu sein. Das ist etwas, was der Mentor nicht tolerieren kann, egal, wie stark die Beziehung zwischen den beiden gewesen ist. Alles geht bestens in einer Mentor-Schützling-Beziehung, wenn die gefühlsmäßige Bindung zwischen beiden stark ist. Es wird daraus ein idealisiertes Eltern-Kind-Verhältnis; aber irgendwann einmal muß ‹das Kind›, wie jedes andere Kind auch, lernen, auf eigenen Beinen zu stehen. Das Streben des Schützlings nach Selbstständigkeit kann *Wunsch nach* für den Mentor ebenso traumatisch sein wie der Wunsch *Selbstständigkeit* des Kindes nach Unabhängigkeit für seine Eltern. Viele Eltern können das nicht akzeptieren, und das Kind muß häufig im Zorn von ihnen fortgehen, um diese Unabhän- *Trennung im* gigkeit zu erreichen. Ebenso muß der Schützling, der auf *Zorn* seinen eigenen zwei Beinen stehen möchte, häufig mit seinem Mentor brechen. Tony war in dem anderen Restaurant sehr erfolgreich und sparte schließlich genug Geld, um seine eigene Kneipe aufzumachen. Statt stolz darauf zu sein, wie weit sein Schützling es gebracht hatte, weigerte sich George, über Tony und seinen Erfolg überhaupt zu sprechen. Für ihn gab es keinen Tony mehr.

Die Aura der Macht

Die Art von Ausstrahlung, mit der ein Politiker seine Zuhörer manipuliert, enthält viel von dem, was Dr. Miyamoto «widerspiegeln» genannt hat. Der Politiker zeigt sich als die Person, die der Zuhörer gerne sein würde. Das

Politiker

ist der Grund, warum der Gesamteindruck eines Politikers so wichtig ist und warum Leute so gefragt sind, die versprechen, diesen Eindruck aufzupolieren. Manchmal haben sie Glück, dann nämlich, wenn ein Nationalheld oder ein berühmter Schauspieler in die Politik geht, der schon ein bestimmtes Bild in der Öffentlichkeit besitzt. Manchmal stellen die PR-Leute eine Broschüre her, wo die heldenhafte Vergangenheit des Kandidaten oder seine beeindruckende Lebenseinstellung bejubelt wird. Der Politiker muß aber noch andere Mittel anwenden, wenn er

Körpersprache

die Öffentlichkeit beeinflussen will. Seine Körpersprache muß verbindlich und selbstbewußt sein und seine Stimme in der Lage, die Zuhörer zu begeistern und zu überzeugen. Als Präsident Johnson nach dem Tod von Kennedy, der ein enormes Charisma besaß, an die Macht kam, war seine Körpersprache unelegant und unbeholfen. Zu Anfang wirkte er im Fernsehen steif und hölzern, aber mit Hilfe eines Beraters wurde er besser, und als er schließlich aus dem Amt schied, wirkte er überzeugend und verbindlich und hatte durchaus eine charismatische Wirkung auf

Charismatische Wirkung

die Zuschauer. Präsident Nixons Körpersprache war einigermaßen geschickt, aber seine Gesichtszüge konnten nicht abgemildert werden, so sehr er sich auch darum bemühte. Sein Einfluß auf die Wähler war auf das Bewußtsein der Macht zurückzuführen, die er hatte. Macht kann eine besonders starke Anziehungskraft auf Menschen ausüben. Im allgemeinen wird jegliche Macht bewundert. Jede Serie im Fernsehen, in der ein mächtiger und gewissenloser Mensch die Hauptrolle spielt, wird wahrscheinlich erfolgreich sein.

Die Verführung der Macht

Macht kann verführerisch sein. Vielen von uns kann sie den Kopf verdrehen, wenn wir erst einmal davon gekostet haben. Eine erotische Anziehung entsteht durch den Prozeß der Identifizierung mit dem Mächtigen. Wenn ein starker Mensch eine Rede vor dem Volk hält, ein Hitler, Mussolini, Franco, Stalin, ein F. D. Roosevelt, ein Churchill, dann werden die Menschen durch seine Macht verführt und hängen ihm an. Eine weitere Beeinflussung der Anhänger geschieht dadurch, daß ihnen nutzlose Symbole der Macht ausgehändigt werden, Uniformen, Paraden, Fahnen und Parolen. *Symbole der Macht*

Die Männer, die die Macht besitzen, können sich durch die Bewunderung der Massen in höchsten Höhen wähnen, aber in diesen Höhen kann es sehr einsam sein. Ihre erotische Ausstrahlung wirkt nur auf Entfernung. Vielleicht gibt es hin und wieder eine flüchtige Berührung, aber nicht mehr. Sie sind isoliert, und wenn sie nicht in der Lage sind, sich selbst etwas vorzumachen, müssen sie einsehen, daß sie die Eigenschaften, die man an ihnen bewundert, überhaupt nicht besitzen. Ihre Anhänger reagieren nur auf die Macht, die ihnen verliehen wurde und nicht auf sie als Menschen. *Erotische Ausstrahlung*

Die Welt ist eine Bühne

Ein Schauspieler meinte dazu: «Die Beziehung, die ein Schauspieler zu seinem Publikum hat, ist ähnlich wie die eines Politikers zu seinen Wählern. Es ist eine Art Verführung, besonders wenn du auf der Bühne einen Liebhaber spielen mußt. Du hältst dem Publikum, zumindest dem Teil, der dasselbe Geschlecht hat wie du, einen leicht gefärbten Spiegel vor. Er ist gefärbt, da er die Wirklichkeit nicht direkt wiedergibt, sondern zeigt, wie der Zuschauer sein möchte; dazu kommt dann noch eine Prise Wirklichkeit. Wenn diese beiden Elemente auf der Bühne fehlen, kann es keine Beziehung zwischen Publikum und Schauspieler geben. Als Schauspieler mußt du in einer Rolle echt genug wirken, damit sich der Zuschauer mit dir identifizieren kann, mußt gleichzeitig das Ganze aber etwas idealisiert darstellen, damit er denken *Schauspielen und Publikum*

Idealisierte Wirklichkeit

kann, so möchte ich sein. Natürlich läuft das mit einem Zuschauer des anderen Geschlechts etwas anders. Man muß dich als einen richtigen Menschen erkennen können, du mußt auf irgendeine Weise einer Person ähneln, die sie lieben, bewundern oder persönlich kennen; die Identifizierung ist aber auch hier wichtig, der Wunsch, daß du sie lieben könntest. Und auf eine Weise stimmt das ja auch. Du benutzt deine sexuelle Ausstrahlung, um sie zu verführen.»

Identifikations-möglichkeit

«Aber wie genau wenden Sie diese Ausstrahlung an?» fragten wir.

«Das kann auf verschiedene Weisen geschehen; merkwürdigerweise ist ein schönes Gesicht dabei nicht ausschlaggebend. Ich kenne etliche eher häßliche Männer, die schon nach ein paar Minuten ihr Publikum im Bann haben. Deine Stimme macht sehr viel aus, das, was du abgesehen von den eigentlichen Worten und ihrer Bedeutung durch deine Stimme mitteilst.»

«Metakommunikation?»

Metakommuni-kation

«Meinetwegen. Ich kenne einen Schauspieler, der hat einen hübschen kleinen Trick bei Frauen. Er zählt einfach verschiedene Gemüsenamen auf französisch auf, und wenn seine Zuhörerin kein Französisch versteht, dann ist sie hin von ihm. Er legt nur durch seine Betonung Zärtlichkeit, Andeutungen und Versprechungen in jedes Wort. Er redet Nonsens, und doch betört er die Frauen. Wenn er das schon mit Gemüse schafft, stellen Sie sich mal vor, was er in einer richtigen Rolle bewirkt.»

«Was gibt es denn noch?»

Das Zweitwichtigste ist die Körpersprache auf der Bühne, die Art, wie man steht, die Gesten, der Ausdruck, der Blickkontakt. Niemand kann seine sexuelle Ausstrahlung ohne Blickkontakt wirken lassen. Und auf der Bühne hat man ja schließlich einen dunklen Zuschauerraum voller Leute vor sich. Der wirklich gute Schauspieler gibt jeder Person im Publikum den Eindruck, daß er ihn oder sie ansieht. Es ist nicht leicht, denn die große dunkle Masse da draußen kann dich wirklich enorm einschüchtern. Wenn man aber eine Reaktion spürt, eine Bewegung im Zu-

Blickkontakt

schauerraum, ein Lachen, ein Seufzen, spontanen Beifall, dann wird die Menge plötzlich real. Der Funke ist übergesprungen, und ihr seid ein Team.

Sehr wichtig sind natürlich auch die Bewegungen. Ich *Bewegungen* trenne das von der Körpersprache, weil es so wahnsinnig viel ausmacht. Ich glaube, es ist nicht nur auf der Bühne wichtig, sondern immer, wenn man mit einer anderen Person oder mit einer Gruppe von Menschen eine Beziehung herstellen möchte, ohne Rücksicht auf das Geschlecht.»

«Können Sie etwas näher erklären, was Sie mit Bewegung meinen?»

Er breitete etwas hilflos die Arme aus. «Ja, wie kann man das beschreiben? Wie leicht du auf den Füßen bist, zum Beispiel; dann deine ganze Körperhaltung, die Anmut jeder Bewegung, wie sie in die nächste übergeht. Al- *Anmut* lein durch einen bestimmten Gang kann ich einen Mann von achtzig darstellen, oder ich kann wie ein junger Mann von einundzwanzig aus dem Sessel springen. Ich habe ältere Schauspielerinnen die Julia spielen sehen und zwar sehr überzeugend, nur weil sie sich wie ein junges Mädchen bewegten.

Ich will Ihnen ein Berufsgeheimnis anvertrauen, das ich von Albert Bassermann, dem weltberühmten Wiener Schauspieler habe. Er sagte ‹Das Wichtigste beim Schauspielern ist, daß du auf der Bühne stehst und das Gewicht deines Körpers in die Beine verlagerst und nicht über den Kopf trägst. Wenn du stehst und wenn du dich bewegst, muß dein Gewicht in Richtung Erdmitte ausgerichtet *In sich ruhend* sein. Denke daran!› Ich habe das nie vergessen, obgleich ich damals noch sehr jung war. Alle großen Schauspieler bewegen sich auf diese Weise. Wissen Sie», schloß er schließlich, «ich möchte jedem aufstrebenden Schauspieler den Rat geben: ‹Nimm Tanzunterricht!›; dasselbe gilt übrigens auch für Politiker.»

Ein Bekannter, der als Frauenheld bekannt ist, las das Interview mit dem Schauspieler und meinte: «Er hat schon recht damit, was er von Bewegung sagt. Das ist wirklich der Schlüssel zur sexuellen Ausstrahlung. Auch wenn man nicht auf der Bühne steht, in einer Zweierbeziehung kann

171

die Art, wie du dich bewegst, ein ganz deutliches Signal senden. Die Sache mit dem Gewicht, das auf die Beine verlagert wird; das zeigt Selbstbewußtsein und Kompetenz an, aber es muß mit einer gewissen Anmut geschehen. Tanz ist der Schlüssel dazu, Tanz und Bewegung.»

Stadien der Liebe

Wie es anfängt

«Ich kann es nicht leiden», sagte Ellen, «wenn ein Mann mit Geschwafel daherkommt. Der Typ da drüben zum Beispiel hat mir eben die ganze Zeit erzählt, was für ein gut geschnittenes Gesicht ich hätte und ob ich nicht schon mal daran gedacht hätte, Mannequin zu werden. Ich bitte euch!»

Joan sah sie prüfend an. «Es stimmt doch, du hast ein gutes Gesicht und wärst vielleicht ein ganz gutes Mannequin; allerdings müßtest du vorher erst zwanzig Pfund abnehmen. Aber ehrlich, Ellen, du machst es den Männern wirklich schwer. Was ist denn an diesen ersten Komplimenten so verwerflich?» *Die ersten Komplimente*

Ellen starrte sie an. «Was daran schlimm ist? Sie sind einfach unecht und nicht ehrlich gemeint; so was wird nur gesagt, um das Eis zu brechen.» *Das Eis brechen*

«Genau», sagte Joan triumphierend. «Das Eis zu brechen. Das ist es doch. Ich weiß, daß die meisten Männer genauso schüchtern sind wie wir, genauso ängstlich darauf warten, was wir denn zu ihnen sagen werden. Und dann denken sie eben, daß so ein Anfangskompliment helfen kann, und meistens tut es das ja auch. Ich kann ja schließlich einen Mann nicht kennenlernen, ganz abgesehen vom gernhaben, wenn er nicht versucht, auf irgendeine Weise mit mir ins Gespräch zu kommen. Und dazu dienen diese *Ins Gespräch* Anfangsfloskeln, sie sind ein Versuch, eine Kommunika- *kommen* tion aufzubauen.»

Joan hatte recht. Diese ersten Sätze, die manche Frauen albern finden, sind der erste Schritt auf dem Weg zur Verständigung. Der zweite Schritt, nachdem das Eis gebrochen ist, ist ein Vortasten, um Gemeinsamkeiten zu finden, *Die Suche nach* festzustellen, welche Vorlieben und Abneigungen man *Gemeinsam-* teilt. So beginnt eine Beziehung zwischen zwei Menschen, *keiten* die schließlich zur Übereinstimmung führen kann.

Eine sexuelle Spannung wird sich kaum entwickeln können, wenn es zwischen den Partnern keine Gemeinsamkeiten gibt. Ob man zusammenpaßt, kann man schon bei dem ersten Treffen feststellen, wie bei Ellen, die dann schließlich doch nachgegeben hatte und mit dem gutaussehenden Mann trotz seines anfänglichen Geschwafels geredet hatte. Die Kneipe, in der sie sich kennengelernt hatten, wurde später zu «ihrer» Kneipe, und aus dem Necken über ihre Mannequinfähigkeiten wurde ihr privater Scherz. Ein bestimmter Schlager, der an dem Abend fünfmal gespielt wurde, wurde zu «ihrem Lied». Gemeinsamkeiten wurden entwickelt, und das sexuelle Interesse aneinander wuchs. Ihre Freunde sprachen über sie nur noch

Zusammenziehen als Paar. Sie zogen in eine Wohnung und schmiedeten Heiratspläne. In dieser Zeit waren sie einander sehr nah; für sie gab es nur den anderen, sie gingen überall gemeinsam hin und richteten ihr Leben vollkommen nach dem anderen.

Zu viel Nähe? Leider gibt es Fälle, in denen diese Nähe eine negative Wirkung hat. Jeder der beiden fängt an, seine eigene Identität aufzugeben, wenn sie sich völlig ineinander verlieren. Die klaren Umrisse des eigenen Ichs werden unscharf, und jeder macht sich die Meinungen des anderen zu eigen. Meistens übernimmt der schwächere Partner, in unserer Gesellschaft ist das häufig die Frau, die Vorlieben und Abneigungen des Stärkeren. Sie gibt dem Geliebten nach und richtet ihre Ansichten nach den seinen aus.

Die Beziehung, die die beiden ursprünglich in Freiheit miteinander verband, wird zur Behinderung. «Ich brau-

Freiraum che mehr Freiraum», so lautet die häufigste Klage, und man drängt darauf, die Unabhängigkeit des eigenen Ichs zurückzuerlangen. Wenn dieses Abstandnehmen voneinan-

Das eigene Ich ander und Wiederentdecken des eigenen Ichs im Rahmen einer guten Beziehung stattfinden kann, so wird die Partnerschaft dadurch vertieft und gestärkt. Die sexuelle Faszination durch den anderen wird nicht nur erhalten, sondern sie wird intimer und stärker, und Nuancen werden entwickelt, die es vorher nicht gegeben hat.

Wenn aber dieses Abstandnehmen voneinander nicht

innerhalb der Beziehung möglich ist, dann hilft wahrscheinlich nur das Lösen der Verbindung. Den Grund dafür sollte man dem anderen klarmachen können. Ellen könnte zum Beispiel zu ihrem Freund sagen: «Weißt du, ich finde, wir sollten uns eine Zeitlang nicht sehen. Ich muß irgendwie zu mir selbst zurückfinden, muß wieder lernen, wer ich bin und was ich will. Ich liebe dich immer noch, aber ...»

Zu sich selbst zurückfinden

Oder die Beziehung wird eher gewaltsam gelockert. Man kann Streitigkeiten vom Zaun brechen und so der intimen Beziehung schaden: Man kann eine Affäre mit einem anderen anfangen und den Partner davon wissen lassen. Es hängt von den Persönlichkeiten der Partner ab, welche Methode man wählt, vor allen Dingen aber auch davon, ob man die Beziehung vielleicht später wieder erneuern möchte.

Leidenschaft oder Zurückhaltung?

Es gibt Beziehungen, wo «das Bedürfnis nach Eigenständigkeit» nicht auftritt, wo die anfängliche sexuelle Begeisterung für den andern andauert, vielleicht nicht ein Leben lang, aber zumindest länger als gewöhnlich. Ein Grund dafür ist der «Romeo-und-Julia-Effekt». Wir zwei gegen die ganze Welt! Wenn die Eltern sehr gegen eine Beziehung sind oder wenn die Gesellschaft sie nicht akzeptiert, dann wird sie zwar in manchen Fällen gelöst; häufiger allerdings passiertes, daß die Liebenden durch den Druck von Eltern oder Gesellschaft sich nur noch enger aneinander gebunden fühlen und dadurch ihre sexuelle Bindung aneinander noch verstärkt wird. Kleinigkeiten, die sonst häufig eine Beziehung schon zu Anfang auseinandergehen lassen, scheinen so viel unwichtiger, wenn es darum geht, daß man seine Liebe gegen die böse Welt verteidigen muß, und werden abgetan. Eine Beziehung, die ohne das Eingreifen von außen möglicherweise auseinandergegangen wäre, wird halten, wenn Außenstehende versuchen, die Liebenden auseinanderzubringen.

Der Romeo-und-Julia-Effekt

Gegen die böse Welt

Auch eine gewisse Zurückhaltung des/der Geliebten kann manchmal ein sexuelles Interesse bewirken oder verstärken. Ist ein cooler Liebhaber aufregender als ein leidenschaftlicher? Ist man von einem Zögernden stärker und intensiver fasziniert als von jemandem, der einfach zu haben ist? Cathy hält das für möglich. Sie ist eine sehr hübsche junge Frau von Anfang Zwanzig. «Ich habe nie Schwierigkeiten gehabt, Männer kennenzulernen», sagte sie. «Ich brauche nur einen Blickkontakt herzustellen und zu lächeln, alles andere kommt von allein. Ich mache mir nie Gedanken ums Verliebtsein. Es passiert häufig genug, man gibt ihm nach, und wenn es vorbei ist, ist es vorbei. Keine große Sache. Aber dann lernte ich Adam kennen. Ich muß Ihnen sagen, er war wirklich etwas Besonderes, begabt und intelligent. Er ist Fotograf und zwar ein sehr guter.» Sie zögerte und lächelte nachdenklich. «Um ganz ehrlich zu sein, was mich an ihm am meisten faszinierte, war, daß ihn mein Aussehen eigentlich überhaupt nicht beeindruckte. Er ist so ziemlich der erste Mann, dem es ganz egal war, wie ich aussehe. Ich konnte das kaum fassen. Meine sexuelle Ausstrahlung hatte bei ihm keine Wirkung! Das gab mir zu denken, und mir wurde klar, daß ich bisher meinen Erfolg für selbstverständlich genommen hatte. Bei Adam mußte ich mir bewußt Mühe geben. Also ließ ich meinen ganzen Charme spielen und versuchte es auf jede mögliche Weise. Ich schaffte es schließlich, aber ich mußte mich wirklich anstrengen.»

In ihrem Bemühen, Adam für sich zu gewinnen, stellte Cathy etwas fest, was Psychologen schon lange gewußt haben: Der Widerstrebende ist am begehrenswertesten. Wenn man sich um jemanden wirklich ernsthaft bemühen muß, dann muß er ja etwas ganz Besonderes sein.

Soll man deshalb die Spröde spielen, um den Interessierten anzuheizen? In gewissem Sinne schon, allerdings muß man da genauer qualifizieren. Einmal, wie abweisend mußt du dich geben? Zweitens ist das Konzept, spröde zu tun, schlecht; wählerisch wäre da besser. Der Mensch, der auswählt, ist gewöhnlich für andere interes-

Cool oder leidenschaftlich?

Fasziniert durch Gleichgültigkeit

Widerstrebend = begehrenswert?

santer. Jemand, der sofort nachgibt, macht einem den Erfolg zu leicht.

In einem Experiment von Dr. Elaine Walster riefen Männer drei Frauen an, mit denen sie angeblich laut Computer zusammenpassen sollten. Eine war sehr darauf erpicht, überhaupt jemanden kennenzulernen, die andere wollte mit niemandem etwas zu tun haben, und die dritte wollte zwar jemanden kennenlernen, war aber wählerisch. Sie gab dem Mann das Gefühl, daß nur er derjenige welcher war, und war bei weitem am beliebtesten.

Die Moral von der Geschichte: Du wirkst am anziehendsten, wenn du mit jedem zurückhaltend bist, außer dem, den du erwählt hast! *Wählerisch sein*

Signale falsch interpretieren

«Wenn ich mich amüsieren möchte», sagte Maria, «dann benutze ich den Echoeffekt. Wenn ich in einer Kneipe, bei *Der Echoeffekt* einer Party oder sonst einer gesellschaftlichen Veranstaltung bin, dann vermeide ich es, nur so dazusitzen und zu warten, bis mich jemand anspricht. Niemand will mit jemandem ins Gespräch kommen, der da nur mürrisch herumsitzt oder so tut, als ob es ihr völlig egal ist, ob sie jemand anspricht oder nicht. Das ist natürlich nur eine Verteidigungsstellung, aber es wirkt zu selbstbezogen und deshalb im allgemeinen unattraktiv. Wenn ich einen Mann sehe, der alles um sich herum ignoriert, dann zucke ich in Gedanken mit den Achseln und lasse ihn auch links liegen. Das scheint er ja zu wollen. Es kann natürlich sein, daß er nur schüchtern oder ängstlich oder unsicher ist, aber wer hat schließlich Zeit, das alles zu analysieren? Ich sehe mich lieber nach jemanden um, der sich offensichtlich amüsiert. Und jetzt kommt der Echoeffekt: Wenn ich in eine Kneipe gehe, dann versuche ich zugänglich zu erscheinen. Ich *Sich zugänglich* rede mit den Leuten dort und mit dem Mann hinter der *geben* Theke. Wenn ich bei einer Party bin, dann schließe ich mich einer Gruppe an, werfe hier und da ein Wort ein, bin freundlich und lächle. Mit anderen Worten, ich zeige mich zugänglich. Das klappt immer. Ich mache den Eindruck, daß ich jemand bin, mit dem man sich leicht unterhalten kann, jemand, der einem nicht die kalte Schulter zeigt oder einen stehenläßt. Ich stelle mich, wenn Sie so wollen, zur Schau, lasse meine Eigenschaften auf die Menschen um mich wirken und warte auf ein Echo. Ich gebe zu verstehen: ‹Seht, ich bin zu haben, bin lustig, unterhalte mich gern und komme mit jedem aus. Versuche es doch einmal mit mir›, es ist erstaunlich, wie viele Menschen dieses Angebot annehmen.»

«Ich bin zu haben»

Maria hat recht; Männer und Frauen werden danach beurteilt, wie sie sich geben, nach dem Teil ihrer Persönlichkeit, den sie anderen offenbaren. Das Bild, das sie von sich zeigen, wird außer für den, mit dem sie gerade sprechen, auch für andere im Raum sichtbar, die vielleicht einen Partner oder eine Bekanntschaft suchen.

Jemanden aber nur nach seinem Äußeren zu beurteilen, kann oft gefährlich sein.

«Meine erste Verabredung mit Paul war furchtbar», klagte Gail. «Ich mochte ihn wirklich gern, aber er benahm sich unmöglich, und ich weiß wirklich nicht warum. Ich habe ihn ganz sicher nicht ermutigt!»

«Nicht ermutigt?» Paul schüttelte den Kopf. «Dieses Mädchen sollte man nicht allein aus dem Haus lassen! Ich holte sie ab, wir wollten zum Tanzen in eine Disko gehen, und sie erscheint in kurzen Hosen und einem Hemdchen ohne BH. Was sollte ich da wohl denken? Dann sprachen wir im Auto miteinander, und ich mußte immer weiterreden, denn sonst hätte ich mich wohl auf sie gestürzt! Also erzählte ich ihr von meinem Hobby Astronomie und von den verschiedenen Sternbildern. Und da fragt sie doch, ob wir nicht irgendwo hinfahren und parken könnten, damit ich ihr die Sternbilder am Himmel zeige. Ich frage Sie, was sollte ich davon wohl halten?»

Mißverständnisse

Gail protestierte: «Ich habe ihn überhaupt nicht animieren wollen; mich interessierte wirklich, was er sagte, ich finde Astronomie wirklich super und kenne mich da nicht aus. Er wußte gut Bescheid, und ich war fasziniert. Ich wollte bloß, daß er mir das Sternbild der Zwillinge zeigt, ich bin nämlich Zwilling.» Und so ging es weiter, sexuelle Signale wurden vollkommen mißverstanden. Gail und Paul waren noch beide unter Zwanzig, und diese Mißverständnisse wunderten uns nicht. Untersuchungen haben ergeben, daß Jungens immer noch häufiger bewußt sexuelles Verhalten in das Benehmen von Mädchen hineinlesen, als von denen beabsichtigt ist. Vierhundert junge Leute wurden befragt, was denn ihrer Meinung nach sexuelles Interesse signalisierte. Interessant war, daß die jungen Männer beinahe alles als ein bewußtes sexuelles Angebot interpretierten.

Fehlinterpretation

Für die jungen Frauen hatten weder die Kleidung des Mannes noch der Ort, an dem man sich traf, eine besondere sexuelle Bedeutung. Für keine war ein offenes Hemd, enge Hosen oder Schmuck beim Mann gleichbedeutend mit einem sexuellen Angebot. Aber die Männer waren der Meinung, daß Frauen, die durchsichtige Blusen, große Ausschnitte, enge Hosen trugen oder ohne BH gingen, sexuelle Absichten hatten. Für die Männer war es eine bewußte Verführung, egal in welcher Umgebung man sich befand, ob in der Öffentlichkeit oder allein zu zweit zu Hause. Sie fühlten sich ebenso bewußt sexuell angesprochen, wie wenn man über Sex sprach, wenn man «ich liebe dich» sagte, dem Mann Komplimente machte oder selbst wenn man ihm nur in die Augen sah.

Sexuelles Angebot?

Diese große Ansprechbarkeit auf sexuellem Gebiet haben auch Männer jenseits der zwanzig. Im allgemeinen tendieren sie dazu, unschuldige Signale als sexuelle Botschaften zu interpretieren. Warum? Einige Forscher meinen, es hinge von der männlichen Physiologie ab. Sex sei für junge Männer wichtiger als für junge Mädchen. Schon Kinsey hat gezeigt, daß Männer ihren sexuellen Höhepunkt haben, bevor sie zwanzig sind; bei Frauen liegt er sehr viel später.

Sexueller Höhepunkt

Andere Wissenschaftler meinen, daß es eher damit etwas zu tun hat, daß Frauen bei sexuellen Beziehungen mehr zu verlieren haben; sie können schwanger werden oder einfach ihrem Ruf schaden. Was für Gründe es auch geben mag, Frauen sollten sich bewußt sein, daß harmlose Reaktionen oder Kleidung, die sie nur modisch finden, ein sexuelles Interesse des Mannes noch schüren können. Dieses Wissen wird ihnen helfen, etwas gegen ihre sexuelle Ausstrahlung zu tun oder sie noch zu erhöhen, je nachdem, was sie wollen.

Gail und Paul waren noch sehr jung, und man kann sagen, daß Jugendliche häufig die falschen Signale senden oder Signale nicht richtig interpretieren. Sie müssen noch viel lernen. Aber die sexuelle Anziehung kann für einen älteren Mann oder eine ältere Frau genauso verwirrend sein, besonders wenn man die Botschaften, die man selbst aussendet, nicht versteht.

Verwirrende Botschaft

Flora ist Lehrerin, Anfang Dreißig, eine hübsche Frau, wenn auch keine Schönheit. Und doch beklagte sie sich dauernd darüber, daß Männer immer glaubten, sie wolle sie verführen. «Und das will ich wirklich nicht», sagte sie ernst. «Es scheint, daß jeder Mann, den ich neu kennenlerne, versucht, etwas bei mir zu erreichen, auch wenn ich es nicht will. Und ich glaube nicht, daß ich irgend etwas tue, um sie dazu zu ermutigen.»

Auf ihren Wunsch beobachteten wir Flora, als sie mit einem Lehrer ihrer Schule zu Mittag aß. Wir saßen an einem Tisch nicht weit von den beiden entfernt und konnten sie beobachten und hören, was sie miteinander sprachen, ohne daß sie uns sehen konnten. Nach einer halben Stunde waren wir überzeugt, daß Flora wirklich etwas tat, was ihr nicht bewußt war: Sie flirtete ganz offensichtlich mit ihrem Kollegen, obwohl sie nichts sagte, was als sexuelle Einladung gedeutet werden konnte. Wir konnten sehen, daß der Mann am Ende der Mahlzeit von ihr fasziniert war, aber wir konnten auch sehen, daß sie völlig konsterniert war, als sich ihr Kollege abends mit ihr treffen wollte.

Floras unbewußter Flirt

Was war geschehen? Flora hatte durch ihre Körpersprache dauernd signalisiert: ‹Ich bin zu haben›. Einmal lächelte sie während der ganzen Zeit, und obgleich sie ihrem Kollegen gegenübersaß, schlug sie doch häufig die Augen nieder, was in Körpersprache heißt: ‹Ich unterwerfe mich›. Das Balzverhalten von Mann und Frau bein-

Balzverhalten

haltet häufig eine symbolische Geste der Unterwerfung *Unterwerfungs-*
der Frau und eine der Dominanz beim Mann. *geste*

Flora lehnte sich zum Beispiel hin und wieder vor, legte den Kopf auf die Seite, während sie ihrem Bekannten zuhörte und bewegte manchmal die Schultern auf eine bestimmte Weise. Was sie zu ihm sagte, war nebensächlich, aber ihre Stimme war hoch und verhalten und appellierte an seinen Beschützerinstinkt. *Beschützer-*
instinkt

Wenn sie mit dem, was er sagte, nicht übereinstimmte, dann signalisierte sie sofort Unterwerfung, schaute nach unten und hob die Schultern hoch. Sie zeigte häufig ein «Putzverhalten», strich sich das Haar aus dem Gesicht, *Putzverhalten* stellte den Kopf schief und reckte sich. Als wir ihr länger zuhörten, wurde uns klar, daß dieses Verhalten ein Verteidigungsmechanismus war, ein Versuch, jegliche Feindseligkeit des Kollegen auszuschalten.

Wir wußten nicht, wo und wann sie diese Verhaltensweisen gelernt hatte. Vielleicht hatte sich Flora als Kind so gegen einen zu strengen Vater verteidigen müssen. Wir konnten sie auf einige grundsätzliche Fehler in ihrem Verhalten hinweisen, durch die sie bei Männern so kokett und verführerisch wirkte. Wenn sie die erst einmal verändern konnte, dann hatte sie damit auch die Möglichkeit, über ihre Wirkung auf Männer selbst zu bestimmen.

Das Balzverhalten

Kein Buch über sexuelle Attraktion wäre vollkommen, wenn man nicht auch etwas über den Ablauf des sexuellen *Sexuelles Spiel* Spiels sagen würde, an dem wir alle teilnehmen, wenn wir sexuell anziehend sein, wenn wir den Funken zum Überspringen bringen wollen. Wir haben besprochen, was eine sexuelle Ausstrahlung beeinflußt, die Projektion des Äußeren, die Methoden, wie man jemanden anheizt oder abkühlt, die Gründe für die Attraktion, und wie man damit umgeht. Welche Körpersprache aber sollten Mann und Frau nun anwenden, wenn sie einander attraktiv finden?

Dr. David B. Givens von der Universität von Washington beschreibt die Körpersprache des Flirtens. Er führt fünf Stadien an, die die Entwicklung von gegenseitiger sexueller Attraktion aufzeigen. Wir wollen uns einen Mann vorstellen, der sich einer attraktiven Frau in einem Restaurant gegenübersetzt.

Aufmerksamkeit erregen

Erst nickt man sich höflich zu, als Zeichen, daß man den anderen wahrgenommen hat. Die Frau schaut nach dem anfänglichen Nicken den Mann nicht weiter an; er aber findet sie interessant. Er hat wie die meisten Männer in einer solchen Situation Hemmungen, sie direkt anzusprechen und drückt sein Interesse unbewußt durch Körpersprache aus: Er dreht sich zu ihr um, sieht sie aber nicht direkt an. Statt dessen blickt er sich um, schaut in dieselbe Richtung wie sie. Sie ist sich seines Vorhandenseins jetzt wohl bewußt und schaut ihm vielleicht kurz ins Gesicht. Wahrscheinlich lächelt er jetzt, wirft seinen Kopf mit einer schnellen Geste zurück und berührt seine Arme, sein Gesicht oder seine Brust. Vielleicht ist er etwas nervös und gähnt, reckt sich, bewegt seine Arme in ihre Richtung, drückt die Brust heraus, reibt sein Gesicht, rückt seinen Schlips zurecht und faßt sich ins Haar. Er senkt vielleicht den Blick, lächelt, schaut die Frau an und dann wieder fort.

Erkennen

Der Frau stehen jetzt zwei Wege offen: Sie kann ihn entmutigen und sich von ihm abwenden, Blickkontakt vermeiden oder durch ihn hindurchsehen. Wenn sie seine Aufmerksamkeiten ermutigen möchte, kann sie sich ihm zuwenden, ihm in die Augen sehen, die Augenbrauen hochziehen, ihr Gesicht berühren und ihren Blick dann wieder sittsam senken. Vielleicht wirft sie auch den Kopf zurück, reckt sich, gähnt, schiebt den Oberkörper heraus, streicht das Haar zurück oder klimpert sogar mit den Augenwimpern. Vielleicht streicht sie sich auch über ihre Arme oder ihren Körper.

Zusammenspiel

Nun muß eine Unterhaltung eröffnet werden. Beinahe jedes Thema kann als Anlaß dienen. «Reichen Sie mir doch bitte das Salz.» – «Ist heute nicht ein wunderschöner Tag?» – «Dieser Kellner ist ja wirklich eine Type!» – «Ich sehe gerade, Sie lesen Kierkegaard.»

In diesem Stadium spielt Blickkontakt eine große Rolle. Die Nervosität steigt. Was, wenn der andere nichts von einem wissen will! Die Möglichkeit einer Demütigung ist groß, und nervöse Gesten nehmen zu: Putzverhalten, Kopf nach hinten werfen, Räuspern, Recken und Gähnen. Vielleicht stimmt man dem anderen durch Gesten übertrieben zu und lacht zu laut; aber wenn beide merken, daß sich der andere interessiert, stellt sich allmählich eine gewisse Übereinstimmung ein. Jeder ahmt die Bewegungen des anderen nach. Im weiteren Verlauf werden die Stimmen höher, aber verhaltener, man schaut sich länger in die Augen, wendet den Blick dann aber auch schnell wieder ab. Der Kopf wird geneigt, die Schultern bewegt, und die Handflächen werden häufiger sichtbar.

Verliebtsein Wenn alles gutgeht und der Funke übergesprungen ist, dann verabredet sich das Paar vielleicht. In Zukunft werden sie häufiger zusammensein, und das intimere Werbeverhalten beginnt. Man berührt den anderen, starrt ihn an, streichelt ihn und hält seine Hand. Manchmal erfindet man eine Art Babysprache, Kosenamen, und man schaut sich häufig und tief in die Augen.

Erfüllung Sexuelle Faszination durch den anderen hat jetzt ihren Höhepunkt. Aus dem Werbestadium entwickelt sich eine sexuelle Beziehung. Später rückt man allerdings wieder ein bißchen voneinander ab. Die beiden sind jetzt ein etabliertes Paar, und das Balzverhalten wird abgelegt.

Verstehen, was Liebe ist

Sexuelle Wirkung

Wir haben jetzt gesehen, worin eine sexuelle Anziehung besteht. Das kann uns helfen, wenn wir in eine Situation kommen, in der sexuelle Wirkung eine Rolle spielt. Sexuelle Attraktion fällt nicht so einfach vom Himmel. Es stimmt zwar, daß wir uns plötzlich Hals über Kopf verlieben können. Aber damit wird unsere Liebe noch nicht erwidert, und es kann eine Weile dauern, bis wir unsere Gefühle ehrlich offenbaren dürfen. Es hilft, wenn man die einzelnen Stadien des Balzverhaltens und auch die Faktoren, die unsere sexuelle Reaktion bestimmen, kennt. Das Allerwichtigste ist, daß wir unser inneres Selbst kennen, mit all seinen Ängsten und Sehnsüchten. Viele Menschen haben Angst vor der Liebe und blocken das sexuelle Interesse schon ab, bevor es eine Chance hat, sich zu entwickeln. Wir müssen lernen, es am Leben zu erhalten und mit unseren Ängsten und Selbstzweifeln fertig zu werden. Denn: Es ist besser, diese sexuelle Anziehung gespürt und gelebt zu haben, selbst wenn es in einer Katastrophe endet, als dieses Gefühl noch vor dem Entstehen auszuschließen oder später mit aller Macht zu unterdrücken.

Angst vor der Liebe

Sexualität in den achtziger Jahren

In den siebziger Jahren haben wir eine Periode sexueller Freiheit durchlebt. Jetzt in den achtziger Jahren sieht es so aus, als ob Sexualität weniger wichtig wird und Moralvorstellungen wieder mehr Bedeutung bekommen. Eine eher konservative Richtung läßt sich nicht nur in der Politik, sondern auch auf dem Gebiet der Sexualität feststellen. Der freie, unbeschwerte Sex der vorigen Generation scheint auszusterben, und in der Welt von heute ist es besonders wichtig, daß wir das Wie, Warum und Wann der sexuellen Attraktion kennen. Es wird immer notwendiger, daß wir möglichst viel von den Methoden und Signalen der Liebe wissen und allem, was sonst noch damit zusammenhängt.

Literatur

ANDERSEN, CHRISTOPHER: The Name Game, New York: Simon & Schuster, 1977.

ARONSON, E. and LINDEN, D: «Gain and Loss of Esteem as Determinants of Interpersonal Attractiveness.» Journal of Experimental Social Psychology 1 (1965): 156–71.

BACH, GEORGE R., und DEUTSCH, RONALD M: Pairing. Reinbek bei Hamburg: Rowohlt 1979.

BENOIT, HUBERT: The Many Faces of Love. London: Pantheon Books, 1955.

BIRCH, M. C.: Pheromones. Amsterdam: North Holland Publishers, 1974.

CALHOUN, JAMES F. and ACOCELLA, JOAN ROSS: Psychology of Adjustment and Human Relationships. New York: Random House, 1983.

CLORE, G. L., WIGGINS, N. H. and ITKIN, S.: «Judging Attraction from Nonverbal Behavior: The Gain Phenomenon.» Journal of Consulting and Clinical Psychology 43 (1975): 491–97.

COMFORT, ALEX: «Likelihood of Human Pheromones.» Nature 230 (1971): 432–79.

CROOKS, ROBERT and BAUR, KARLA: Our Sexuality. Menlo Park, Calif.: Benjamin-Cummings Publishing Co., 1980.

DION, K. K. and DION, K. L.: «Self-Esteem and Romantic Love.» Journal of Personality 43 (1975): 39–57.

DRISCOLL, R., DAVIS, K. E. and LIPETZ, M. E.: «Parental Interference and Romantic Love: The Romeo and Juliet Effect.» Journal of Personality and Social Psychology 24 (1972): 1–10.

DUTTON, D. G. and ARON, A. P.: «Some Evidence for Heightened Sexual Attraction Under Conditions of High Anxiety.» Journal of Personality and Social Psychology 30 (1974) 510–17.

EIBL-EIBESFELDT, IRENÄUS: Liebe und Haß. München: Piper 1976.

ELLIS, ALBERT: «Rational Psychotherapy.» Journal of General Psychology 59 (1958): 35–49.

ELLIS, HAVELOCK: Studies in the Psychology of Sex. New York: Random House, 1936.

FAST, BARBARA: Reiß die Mauern um dich ein. München: Ehrenwirth 1983.

FAST, JULIUS: Körpersprache. Reinbek bei Hamburg: Rowohlt 1971.

FAST, JULIUS and FAST, BARBARA: Talking Between the Lines. New York: Viking Press, 1979.

FROMM, ERICH: Die Kunst des Liebens. Berlin: Ullstein 1979.

GIVENS, DAVID B. «The Nonverbal Basis of Attraction: Flirtation, Courtship, and Seduction.» Psychiatry 41 (1978): 346–58.

HAGEN, RICHARD: The Bio Sexual Factor. New York: Doubleday Publishing Co., 1979.

HATFIELD, E. and WALSTERN, G. W.: A New Look at Love. Reading, Mass.: Addison-Wesley Publishing Co., 1978.

HESS, E. H.: «Attitude and Pupil Size.» Scientific American 212 (1965): 46–54.

HOPSON, JANET: Scent Signals, New York: William Morrow & Co., 1979.

JOHNSON, S. M. and WHITE, G.: «Self-Observations as an Agent of Behavioral Change.» Behavior Therapy 2 (1971): 488–97.

KIRKENDALL, LESTER A. and WHITEHURST, ROBERT N.: The New Sexual Revolution. New York: Donald and Brown, 1971.

KIRKPATRICK, C. and COTTON, J.: «Physical Attractiveness, Age and Marital Adjustment.» American Sociological Review 16 (1951): 285–90.

LEE, JOHN ALAN: Colours of Love. Toronto: New Press, 1973.

LIEBOWITZ, MICHAEL R.: The Chemistry of Love, Boston: Little. Brown & Co., 1983.

MASLOW, ABRAHAM: Psychologie des Seins. Frankfurt. Fischer 1978.

MASTER, WILLIAM H. and JOHNSON, VIRGINIA E.: Human Sexual Inadequacy. Boston: Little, Brown & Co., 1970.

MAY, ROLLO: Love and Will. New York: W. W. Norton & Co., 1969.

MEICHENBAUM, DONALD H.: Kognitive Verhaltensmodifikation, München: Urban & Schwarzenberg 1979.

MISCHEL, W.: «Toward a Cognitive Learning Reconceptualization of Personality.» Psychological Review 80 (1973): 253–83.

MONEY, JOHN and TUCKER, PATRICIA: Sexual Signatures. Boston: Little, Brown & Co., 1975.

MORRIS, DESMOND: Intimate Behavior. London: Jonathan Cape, 1971.

MURSTEIN, BERNHARD: Love, Sex, and Marriage Throughout the Ages. New York: Springer Publishing Co., 1974.

–: «Self-Ideal Self Discrepancy and the Choice of a Marital Partner.» Journal of Consulting and Clinical Psychology 37 (1971): 47–52.

OFFIT, AVODAH K.: Das sexuelle Ich. Stuttgart: Klett Cotta 1979.

PHILLIPS, DEBORA and JUDD, ROBERT: How to Fall Out of Love. Boston: Houghton Mifflin Co., 1978.

RESTAK, RICHARD M.: Geist, Gehirn und Psyche, Frankfurt: Umschau 1981.

RUBIN, ZICK: «Loving and Leaving.» Paper presented at the Annual Convention of the American Psychological Association, 3–7 September 1976, Washington, D. C.

–: «Measurement of Romantic Love.» Journal of Personality and Social Psychology 16 (1970): 265–73.

SAFILIOS-ROTHSCHILD, CONSTANTINA: Love, Sex and Sex Roles. Englewood Cliffs, N. J., Prentice-Hall, 1977.

SCHACHTER, STANLEY: The Psychology of Affiliation. Stanford, Calif.: Stanford University Press, 1969.

SIGALL, H. and OSTROVE, N.: «Beautiful but Dangerous: Effects of Offender Attractiveness and Nature of the Crime on Juridic Judgment.» Journal of Personality and Social Psychology 31 (1975): 410–14.

SOKOLOV, H., HARRIS, R. and HECKER, M.: «Isolation of Substances from Human Vaginal Secretions Previously Shown to Be Sex Attractant Pheromones in Higher Primates.» Archives of Sexual Behaviour 5 (1976): 269–74.

TENNOV, DOROTHY: Limerenz – über Liebe und Verliebtsein. München: Kösel 1981.

WALSTER, E., WALSTER, G. W., PILIAVIN, J. und SCHMIDT, L.: «Playing Hard to Get: Understanding an Elusive Phenomenon.» Journal of Personality and Social Psychology 26 (1973): 113–21.

WATSON, JOHN B.: Behaviorismus. Frankfurt: Verlag der Fachbuchhandlung für Psychologie 1976.

Alexander Lowen

Der Verrat am Körper
rororo sachbuch 7660
Das Buch hilft, die verlorene
Harmonie von Körper und
Psyche wiederzugewinnen.

Bio
Energetik
Therapie der Seele durch
Arbeit mit dem Körper
rororo sachbuch 7233

Peter Lauster

rororo sachbuch

C 2128/1

Wolfgang Schmidbauer

Alles oder nichts
Über die Destruktivität von Idealen
432 Seiten. Brosch.

Die hilflosen Helfer
Über die seelische Problematik der helfenden Berufe
244 Seiten. Brosch.

Helfen als Beruf
Die Ware Nächstenliebe
256 Seiten. Brosch.

Die Ohnmacht des Helden
Unser alltäglicher Narzißmus
288 Seiten mit Abb. Brosch.

Jugendlexikon Psychologie
Einfache Antworten auf schwierige Fragen
rororo handbuch 6198

Selbsterfahrung in der Gruppe
Theorie · Praxis · Ergebnisse
rororo sachbuch 7196

Rowohlt

916/3